"十三五"国家重点出版物出版规划项目

"中国工业遗产故事"丛书

丛书主编　刘伯英　周大亚

钱塘江大桥故事

李海静　王彩霞　著

南京出版传媒集团
南京出版社

图书在版编目（CIP）数据

钱塘江大桥故事 / 李海静，王彩霞著. -- 南京：南京出版社，2019.10

（中国工业遗产故事丛书 / 刘伯英，周大亚主编）

ISBN 978-7-5533-2652-8

Ⅰ. ①钱… Ⅱ. ①李… ②王… Ⅲ. ①铁路公路两用桥－杭州－青少年读物 Ⅳ. ①U448.12-49

中国版本图书馆CIP数据核字（2019）第191141号

丛 书 名 中国工业遗产故事
丛书主编 刘伯英 周大亚
书　　名 钱塘江大桥故事
作　　者 李海静 王彩霞
出版发行 南京出版传媒集团
南 京 出 版 社

社址：南京市太平门街53号　　邮编：210016
网址：http：//www.njcbs.cn　　电子信箱：njcbs1988@163.com
天猫1店：https：//njcbcmjtts.tmall.com/　　天猫2店：https：//nanjingchubanshets.tmall.com/
联系电话：025-83283893、83283864（营销）　025-83112257（编务）

出 版 人 项晓宁
出 品 人 卢海鸣
责任编辑 严行健
封面设计 张 淼
版式设计 王 俊
责任印制 杨福彬

制　　版 南京新华丰制版有限公司
印　　刷 江苏扬中印刷有限公司
开　　本 787毫米×1092毫米 1/32
印　　张 4.625
字　　数 79千
版　　次 2019年10月第1版
印　　次 2019年10月第1次印刷
书　　号 ISBN 978-7-5533-2652-8
定　　价 28.00元

天猫1店　天猫2店

编委会

总 序

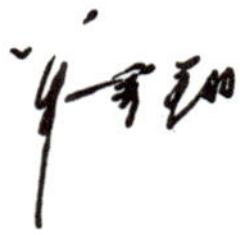

在众多的文化遗产中，“工业遗产”是一个年轻的类型。工业遗产是工业时代形成的遗产，自从18世纪60年代以蒸汽机为代表的第一次工业革命在英国爆发以来，工业文明虽然只有短短的三四百年历史，但在人类文明的发展史上，工业文明所创造的财富和对世界以及人类生活的影响，都远远超过之前几千年的总和。经过多年的开采、生产、运行，有些矿山、工厂、仓库、烟囱、管道、铁路、码头等已经失去了生产功能，但作为纪念物被保留了下来；同时还有些机器、车辆、工具、仪器、图纸、档案、照片、产品、服装等也一起保留下来，成为工业文明的历史见证和记录。

我们衡量文化遗产一般采用“历史、艺术和科学价值”这三大价值作为标准，而工业遗产在具有文化遗产的普遍特征的同时，还具有一些特殊的价值。一般来说，工业遗产具有历史、社会、建筑和科技、审美等多重价值。它与其他文化遗产的区别就是技术价值。工业遗产见证了科学技术对于工业发展所做出的突出贡献，表现在工厂矿山的选址规划、建（构）筑物的施工建设、机械设备的设计安装、生产工具的改进、工艺流程的设计布置和产品的更新等方面。从工业遗产中我们可以清晰地看到技术进步的脉络，其中既有创新、改进，当然也有失败或者弯路，这些都为后人提供了可供借鉴的经验或者教训。由于工业遗产可以直观地反映出人类社会发展的这一重要过程，工业遗产成为我们社会发展不可或缺的物证。

当你走进我国各地的博物馆，看到最多的是什么？是青铜器、陶瓷、丝绸、书画、金银玉器等精美的手工艺品，我国悠久的农业社会文明，为世界贡献了数不清、看不尽的文化瑰宝，使参观者瞬间满怀文化自豪感。从本质上说，这些都是农业时代的遗存，代表的只是我们国家在农业时代创造的文明、对世界文明发展的贡献。可是你却很少能够在我国博物馆中看到数量、规模能与上述这些农业文明时代的文化遗存相当的工业遗产。尽管工业时代是离我们最近的历史时期，工业文明创造了巨大财富，对世界以及人类生活产生了深远影响，但我们似乎忘记了给它在博物馆中留出应有的位置。

工业遗产对生活在当下或者未来的人有什么意义呢？我们说，工业遗产具有纪念、教育、文化或象征的意义。

我国工业化以来，形成了许多新的城市。例如，哈尔滨、长春、郑州、石家庄是火车轮子拉来的城市，上海、大连、青岛、秦皇岛是港口通航形成的城市，唐山、鞍山、玉门、大庆、平顶山、萍乡是矿山开采形成的城市。矿山、工厂、井架、火车头、港口是这些城市的历史符号，是老一辈人抹不去的记忆，很多家庭连续几代都在一家厂矿中工作，这些厂矿是城市的“源”，也是文化的“脉”，更是市民的“根”。

由于中国工业社会时代开始的时间晚于欧美，人们对工业遗产保护的认识需要一个接受的过程。随着城市化步伐的逐步加快，对工业遗产在拆与保、遗弃与利用之间存在着激烈的碰撞。这种碰撞不仅存在于个别地区，而且普遍存在于具有工业遗产资源的众多城市。近年来，我国伴随城市规划布局及产业结构的调整，过去的工业区大多变成了中心区,工业外迁的步伐加快,出现了大量的工业遗产。如何评估这些遗产并将其妥善保护、永续利用，已成为文化遗产保护领域一个极为紧迫的问题。

令人欣慰的是，许多具有远见卓识的地方政府，在大力推进当地经济社会可持续发展的进程中，重视工业遗产的保护，取得了令人称道的成绩。在对工业遗产保护逐渐形成共识的形势下，一批工业遗产得到了积极保护和合理利用。同时，我们也必须注意到，尽管近年来一部分工业遗产开始被列入保护之列，但是受法律保护的工业遗产项目仅占应纳入保护内容中的很小一部分。还有很多城市，特别是一些传统工业城市，还未将工业遗产保护纳入文化遗产保护范畴,还缺乏对工业遗产的总体评价和细致规划。

工业遗产的保护和利用需要公众的关注和参与。工业遗产的主人不仅是政府，每个人都是主人，只有当地居民自觉守护，才能保卫工业遗产的尊严，有尊严的工业遗产才有强盛的生命力。只有把工业遗产保护与城市文化建设，特别是与公众的生活紧密联系在一起，才能为工业遗产的保护与利用找到真正的根基，才能使工业遗产成为公众生活的组成部分，才能使工业遗产成为城市文化的内核与灵魂，也才能使城市成为工业遗产真正的家园。建设一个房地产项目，可以服务一个城市几十年，而保护好一个城市的工业遗产，或许会让一个城市受益上百年，同时也有助于提升市民的文化理念，使人们用辩证思维的方式去看待城市发展中的各种矛盾，平衡、协调、解决好各类问题。

感谢刘伯英教授等研究工业遗产的学者们，多年来为工业遗产的保护和利用开展了大量工作，使工业遗产引起了政府部门的重视。今天，他们又开拓了一片新领域，通过每一项工业遗产的详细说明与阐述，把我们的工业发展历史和其中有趣的人物、故事介绍给普通大众和青少年，引导更多的人，尤其是青少年群体对工业遗产产生兴趣，自觉地保护我们身边的工业遗产，这是一件利在当代、泽被千秋的好事。我非常愿意把这套丛书推荐给大家，特别是我们的青少年读者，为我们5000多年的文明史补上这极为精彩的一段，完整地看待一个悠久历史的民族，在艰难困苦中百折不回，从一个纯粹的农业国华丽转身成世界最重要的工业制造大国，树立起我们的民族自信。

单霁翔

（作者系中国文物学会会长、国家文物局原局长、故宫博物院原院长）

序 言

钱塘江是浙江省的母亲河，又名“浙江”“钱江”“折江”“之江”等，全长668公里，年水流量是黄河的四分之三。钱塘江干流从西向东贯穿皖南和浙北，汇入东海，所经之处，山川秀丽、风景优美。钱塘江流域像一幅华美的长画卷，唯美而清丽，沿江建起的一座座城市，更给这幅壮丽的画卷增添了许多新时代的印象和色彩。

人类的智慧是物竞天择的自然选择，遇水架桥是人类智慧的体现。一个地区或一个城市的建设发展，首先要有便利的交通，这是促进地方经济繁荣的基础。钱塘自古多繁华，曾有“东方日内瓦”美誉的杭州，有大大小小5000多座桥梁，但唯独在这钱塘江上建桥异常困难。当地的谚语“钱塘江无底”和“八月十八潮，天下壮观无”道出了在钱塘江上造桥的不易。

钱塘江大桥建造前，几乎都由外国人承揽中国的铁路大桥建设。直至20世纪30年代，为沟通钱塘江南北交通、填补东南铁路网和公路网上的重要缺口，以及考虑抗日战争的战略需要，在时任浙江省建设厅厅长曾养甫的斡旋筹措之下，确定了在钱塘江上建桥的计划。中国工程师茅以升、罗英以自己丰富的专业知识、超凡的聪明才智和足够的勇气，被委以建桥重任。

他们觉得事在人为，因而志在必得。他们发挥整个建桥团队的集体智慧和才干，充分尊重和调动工程技术人员和工人们的主观能动性和积极性，在施工实践中群策群力，克服重重困难，终于把大桥建成。这是中国自行设计和建造的第一座铁路、公路两用双层桥。

钱塘江大桥建成通车时，抗日战争已经爆发，大桥立即承担起向淞沪会战前线运送兵员和物资的重任。后来为阻滞日军的南侵，钱塘江大桥被我方自行炸毁，茅以升悲愤疾书：“桥虽被炸，然抗战必胜，此桥必获重修，立此誓言，以待将来。”大桥建成通车到炸毁仅89天，运送了难以计数的过江军民和军用民用物资，为抗日战争发挥了重要作用。据统计，仅1937年12月22日，就抢运了机车约300多辆，各种客货车2000多辆，以及大量物资，在这天过江的物资价值就已超过建桥的资金。这座建成于抗日烽火之中的大桥，不仅在战争中书写了可歌可泣的篇章，而且是中国桥梁建筑史上的一座里程碑。

抗日战争胜利后，茅以升和汪菊潜担任复桥重任，在修复大桥的同时还要确保大桥的通行。1953 年 9 月，钱塘江大桥六号墩修复，从此大桥全面修复完工。

如今在钱塘江上屹立 80 多年的钱塘江大桥，仍在为国家的交通和现代化建设坚守职责，并且老当益壮，承担着繁忙的运输任务。2006 年，钱塘江大桥被国务院命名为“全国重点文物保护单位”；2016 年，大桥入选“首批中国 20 世纪建筑遗产名录”；2018 年，大桥入选第一批“中国工业遗产保护名录”。

如今站在钱塘江大桥上，望着滔滔江水，回顾大桥历史，对大桥建设者们的敬意油然而生。他们自强的精神、顽强的斗志，将会激励中华儿女为中华民族伟大复兴而努力奋斗！

目 录

一 钱塘怒潮：何时天堑变通途…… 001

二 筹划建桥：曾养甫的计划…… 006

三 建桥方案：中外工程师方案比拼…… 011

四 前期勘测：三角定乾坤…… 022

五 大桥设计：茅以升团队的设计…… 031

六 开工建设：克服困难之旅…… 045

七 此桥必复：桥成复毁及大桥重生…… 055

八 中国桥梁界的“黄埔军校”…… 074

九　建桥工人的伟绩…… 087

十　建桥的新技术运用…… 095

附录　钟光明馆长眼中的钱塘江大桥…… 109

主要参考资料 …… 124

后　记 …… 127

一　钱塘怒潮：何时天堑变通途

怒潮澎湃

钱塘江简称钱江，又名折江、之江、罗刹江等，之所以叫钱塘江，是因为杭州在秦代名钱塘；之所以叫折江，是因为钱塘江的弯道实在太多了，江道曲折。说到这里，聪明的你大概已经猜到了浙江之所以得名，应该也是源自于此。

至于罗刹江，不用说凶神恶煞的形象隐喻的就是钱塘江水的汹涌澎湃。每当涨潮时，潮水便从外海奔腾而来，以千军万马之势冲毁堤岸，淹没村庄与田野，着实让人恐惧，正因如此钱塘江大潮才闻名天下。

也许你们很难想象，在河道纵横、山水秀丽的江南会有如此汹涌澎湃的一条江，不过等你们看完潮水的形成原

钱塘江大潮

因，就会知道它为什么可以这么“嚣张”了。

一般来说，怒潮的形成需要具备以下三个要素：天时、地理、风势。

先从天时方面看，农历八月十六日至十八日，太阳、月球、地球几乎就在一条直线上，虽说离传说中的九星连珠还差六颗，不过这威力也不容小觑，每当这天海水受到的引潮力最大（月球、太阳或其他天体对地球上单位质量物体的引力和对地心单位质量物体的引力之差），不用说，此刻潮水就像是被吸到高压水枪中的水，蓄势待发。

再从地理方面看看杭州湾的地势：（一）地处海滨入口，即与外海相连；（二）河口呈箕形（喇叭状），即外口极宽向内逐步缩狭；（三）江底有横贯沙。如此一来，

杭州湾位置示意图

等到涨潮期时，大量的潮水涌到出海口，后浪推着前浪，形成了汹涌澎湃之势。以上每一条都具备了形成大潮的必要条件。

从风势上来说，沿海一带经常刮东南风，而风向刚好也和潮水方向大体一致，这就大大助长了潮水的气焰。

说到这里，你们大概可以理解为什么钱塘江潮水能掀起这么大的波澜了。可不是，占尽了天时、地理之势，而东南风也没有在一旁闲着，铆足劲儿助威加油。天时、地理、风势都齐全了，不掀起惊涛骇浪才怪呢。

据监测数据显示杭州湾外，正常潮汐涨落高度为 3.6 米，至钱塘江口可增至 7.6 米，春分、秋分时节最大潮汐可达 10 米以上，其中以秋分最甚。

很显然，即便是科学技术发达的现代，也不能拿翻腾激荡、势不可当的钱塘江怎么样，更不用说在技术不发达的年代了。关于在钱塘江上建桥的念头，即使之前有过，不过只要江潮“河东一狮吼”，也只能悻悻而罢了。

当然，你们也不要着急，以中华民族不屈不挠的精神，剧情还会继续发展，因为下面要开始出现的就是钱塘江大桥了，让我们来看看历史的序幕是如何拉开的吧。

期待建桥

据《史记》记载：“始皇出游……至钱塘，临浙江，水波恶，乃西百二里从狭中渡……”可见即使是秦始皇面对汹涌的钱塘江水也无可奈何。在古代，钱塘江两岸渡江要靠船夫摆渡，然而钱塘江水喜怒无常，一旦波涛汹涌，小船就如同江中一叶，险象环生。

晚清时期，巨商胡雪岩曾经在钱塘江投资兴建钱塘义渡码头，建造了渡船，促进了两岸交通。他也曾想在钱塘江上建桥，也请来外国技术人员来考察，但是也无果而终，这也从一个方面说明在钱塘江上架桥不是一件容易的事情。北伐胜利后，义渡码头经改建定名为“浙江第一码头”，曾经往来于两岸的木船改为轮渡，每日过江少则 1 万人次，鼎盛时期，年输送旅客达 4000 万人次。然而，在钱塘江潮水汹涌时，轮渡必须停航，使两岸的交通极为不便。

20 世纪初，钱塘江畔六和塔远景

至于在连贯交通这方面，我们可以了解到在民国时期，中国的公路、铁路网络已经逐步完善，如果连接钱塘江两岸，便可沟通苏、皖、赣、闽的公路和铁路，自杭州发出的浙赣铁路，延伸可通至南昌，进而与云贵相连。

交通一便利，除了能振兴社会经济，还能支持国防，便于军队、物资调运。

总而言之，在没有钱塘江大桥出现之前，两岸交通是非常不便利的，说大了，阻碍了社会经济的发展和文化的交流；说小了，去对岸探个亲都麻烦，碰到大风大浪的天气，就算十万火急要过江，也一点办法都没有。所以，不管是从长远的战略意义，还是从方便百姓生活来看，建造钱塘江大桥都是非常有必要的。

二 筹划建桥：曾养甫的计划

定议兴筑

人类建造桥梁，出自一种试图征服自然的本能。千百年来，钱塘江横亘浙江省，阻碍南北交通，制约着两岸的沟通和交流，也影响着经济社会的发展。

曾养甫

要说起大桥的诞生，还要感谢一个人，那就是彼时作为浙江省建设厅厅长的曾养甫。曾养甫，民国时期略显低调，因为我们似乎很少听到他的名字。不过这并不能抹去他在历史上留下的浓重一笔。

曾养甫出生在广东平远县的一个书香门第，很小的时候父亲便教他识文断字，一直努力地为他创造良好的教育环境，天资聪颖的他总是学得很快，虽然偶尔会有展现烂漫童真（顽皮捣蛋）的时候，不过总的来说也一直是作为“别人家的孩子”的存在。

终于在 1917 年，曾养甫考入天津北洋大学读预科，两年之后升入本科矿冶学系。只是那时在科学技术方面，学校传授的知识显然是有限的，毕业后为了学习更多的先进知识和技术，他自费赴美国匹兹堡大学研究院深造。

其间，他研究孙中山所著的《建国方略》，坚信科技知识与精神为物质建设的先决条件。

当然曾养甫也绝不是“两耳不闻窗外事，一心只读圣

◎小贴士

曾养甫（1898—1969）：广东平远县人，1923 年在天津北洋大学毕业，后赴美国留学深造，入匹兹堡大学研究院，获矿冶工程师学位。1934 年发起兴建钱塘江大桥。1935 年任铁道部次长兼新路建设委员会委员长。1939 年 8 月，任军委会滇缅国防公路督办，主持战略要道滇缅公路的修建工程。1940 年任国民政府交通部长，负责筹备抗战后方交通建设，维持前方军需民用的重任。曾养甫对建设事业总是满怀热忱。其一生基本上都在致力于交通建设，架桥修路。学者称他为“中国土木水利（交通）建设之父”“孙中山《建国方略》实践第一人”。

茅以升（右二）陪同曾养甫（中）及中外人士视察钱塘江大桥南岸施工工程

贤书”的“书呆子”，为了能将理论更好发挥到实践中去，功课之余他还主动去矿场实习，在油漆厂任化工技师。虽说厂房和工地的工作非常辛苦，但是他还是乐此不疲，因为那时的他便知道，要真正做好一件事情，必定不能端着读书人高高在上的架子，而是要在实践中得真知，把理论知识转换成生产力才是“硬核操作”。

在学校的时候，曾养甫也积极地参与各种实践活动，他曾任匹兹堡中国学生会会长、国际学生会会长，组织开展各种中国留学生活动，在当时的留学生群体中也是非常有威望的。在他的内心始终燃着一把火，一把振兴中华民族的复兴之火，同样，作为广东人的他也有着“敢为天下先”的脾性。

1932 年，曾养甫被任命为浙江省建设厅厅长，同时兼任浙赣铁路理事会理事长。虽说同时身兼几个要职，颇具挑战，不过对于满腔热血的他来说，正是一展抱负的好机会。与此同时，浙江各界一直商议在钱塘江上建桥，然而钱塘江的水流湍急、潮水凶猛，施工难度非常大，再加上费用巨大，对于当地财政来说是个负担，因此迟迟没有动工。

曾养甫上任以后，“跨江架桥，以利交通运输”成为他首要的政务。不过他也一度对于这个状况颇为苦恼，看着这宽广的钱塘江江面，千百年来一直阻隔着浙东浙西两岸的交通，曾养甫开始发愁了，他日思夜想，找到相关的专家进行请教，经常一讨论就是一天。茅以升在《钱塘江桥及筹备记略》中，对于曾养甫筹划建桥是这样记载的：“自曾养甫先生任建设厅厅长以来，以发展交通及改良农业为全责。鉴于此桥关系重大，决意积极进行。因先组织专门委员会，从事研究及钻探工作，经多次之讨论，认为建造桥梁，为钱江交通最经济之方法。”终于，在曾养甫的主持及推进下，建造钱塘江大桥的计划被确定了下来。

三 建桥方案：中外工程师方案比拼

方案比拼

在钱塘江上建桥难度有二：一是江底全是流沙，深达40米才到石层，且流沙被水冲刷，随时下陷，所以有“钱塘江无底”的谚语；二是除了江流汹涌，还有著名的“钱塘潮”，波浪滔天。这么有挑战性的大型工程，在那个年代，不管是在中国还是在世界上都是非常罕见的。浙江省建设厅一开始打算让时任国民政府铁道部顾问的华德尔博士主持设计，这并不是由于“外来的和尚好念经”的盲目崇拜，实在是考虑到那时的实际情况。

之前这类大型工程都是依靠外国团队才能完成的，比如德国人修建了济南黄河大桥、美国人修建了蚌埠淮河大桥、俄国人修建了哈尔滨松花江大桥。不得不承认，当时不管是从经验方面，还是技术方面，他们都要略胜一筹。

关于这个问题，曾养甫也是考虑再三，内心深处，他始终希望中国人能凭借自己的力量去修建大桥。最后他想出来一个办法，就是方案比拼，客观评价不偏不倚，能者居之。方案会从技术、成本、时间等各方面综合评定考量。

方案一：

设计者：华德尔博士

特点：公路、铁路、人行道同层并行的联合桥

缺点：没有全面考察测量，选址不科学，施工难度大，大量采用强度较低的低碳钢，而且容易造成桥面不稳定。

投资金额：758 万银元

方案二：

设计者：茅以升等国内桥梁建筑专家

特点：双层钢梁桥，上层为双线公路及人行道，下层为单线铁路，是双层联合桥，车辆、行人和火车分别通行

◎**小贴士**

低碳钢：为碳含量低于 0.25% 的碳素钢，由于含碳量低，因此钢材的强度低，材质偏软，所以又叫软钢。由于这种独特的材料性能，因此它并不适合用作主体桥的结构，但是可以用于制造链条、铆钉、螺栓、轴等。

乃中国桥梁史上的首创。经过仔细考察测量，重新选址，缩短了桥的长度。主桥主要受力构件和铁路引桥钢板梁全部采用当时世界上质量最好的高强度低合金钢，即铬锰钢，坚固耐用且稳定性好。

缺点：国产首创，经验不足

投资金额：510 万银元

一看便知，以上两个方案，茅以升团队的方案更胜一筹，所以最后的结果是方案一被取代，方案二胜出。虽说曾养甫和茅以升两人并不算熟，而且茅以升年纪轻，建桥的经验也不多，但是曾养甫本着专业素养和与生俱来的第六感，他相信茅以升将会带领大家成功建成钱塘江大桥，而这将成为中国自行设计并组织施工的第一座铁路、公路两用桥。届时，中国桥梁史将会被改写，中国人再也不会被质疑在江上架桥的能力了。可能你要问：茅以升怎么会

◎小贴士

铬锰钢：又被称为克罗马多尔钢，在 20 世纪 30 年代初期，它还是属于一种新型产品，刚开始使用在建筑材料中。这种钢材强度较低碳钢高，不仅防锈防腐蚀，还能承受高冲击、强挤压以及物料磨损等恶劣工况条件，非常适合用于建造桥梁。

被邀请来设计钱塘江大桥的方案呢？这要从 1933 年 3 月他收到的两封信说起。当时，茅以升正在天津北洋大学教书，忽然接到他的同学、浙赣铁路局长杜镇远的电报：“浙赣铁路已由杭州通向玉山，一两年后就可通到南昌，全省公路已达 3000 公里，正向临近各省联接。无如钱塘一水，将浙省分成东西，铁路、公路无法贯通，不但一省的交通受了限制，而且对全国国防与经济文化也大有妨碍。建设厅长曾养甫想推动各方，在钱塘江上兴建大桥，现在时机成熟，拟将此重任，寄诸足下，特托转达，务望即日来杭，面商一切。”随后又收到他的同学、浙江公路局局长陈体诚的来信，信中力劝：“我国铁路桥梁，过去都是由外国人包办的，现在我们自己有造桥机会，千万不可错过。”

茅以升收到信后，非常兴奋，心想他本是学造桥梁的，也在大学里教过不少年的桥梁工程，除了 1920 年担任过修建南京下关惠民桥的顾问、1928 年参加过济南黄河桥的修理工程外，竟然没机会去参加造桥工作。现在居然有人让他造桥，而且是钱塘江上的一座大桥，怎能叫他不动心。不过，稍微考虑一下，种种问题又都来了：一是经费巨大，恐怕不易筹措；二是和曾养甫只见过几面，是否能得到信任。最重要的是，钱塘江是著名的险恶大江，在江上造桥，担心自己能否胜任。不过，茅以升还是觉得自己是学造桥梁的，总不能别人要他造桥，却知难而退。于是他鼓起勇气，向学校请假来到杭州。

到了杭州，杜镇远、陈体诚和其他熟人都说：这是难得的机会，切勿推辞。钱塘江上建桥，是当务之急。茅以升见曾养甫时，曾养甫正患感冒躺在病榻上，但是谈起建桥梦想，却显得既推心置腹又慷慨激昂。他说："钱塘江上修桥，是全体浙江人民的多年愿望。我一来杭州，就想推动各方，促成其事，不仅要想办法去筹款，而且有了款，还要有人会用，才能把桥造起来。关于筹款的事，我已多方接洽，看来很有希望；对于主持建桥的人，我也考虑了很久，最后决定请你来担任，你如肯就，我们共同努力，这事就更可望成功。将来经费我负责，工程你负责，一定要把桥造好，作为我们对国家的贡献，你看如何？"茅以升被曾养甫以振兴中华为己任的精神和他的诚恳坦率感染了。回到天津，他于大学学期结束后辞去工作，赴杭就职。

不过因为华德尔当时是铁道部的顾问，初期，曾养甫在和铁道部交涉以及向银行筹款时，开始总说是根据华德尔的设计基础上"略予修改"，等后来经费有了着落，才宣传钱塘江大桥"完全是我们国人自行设计的"。1934 年 4 月，浙江省政府成立钱塘江桥工程处，茅以升被任命为处长。这位被国人熟知的中国桥梁界的泰斗，终于将要登场，写下中国桥梁史光辉的一页。而建造钱塘江大桥将不亚于任何一场战役，前路漫漫，不知有多少困难和险阻等

钱塘江桥工程处

待着茅以升及其团队。不过他眼神中闪烁着的坚毅的光芒，似乎已经告诉了世人：此桥必成。

资金筹措

问：建桥最重要的是什么？

答曰：梦想和热情。

建桥最重要的不光是梦想和热情，还要有优秀技术和方案以及大量的资金。当家了才会知道柴米油盐贵，当时的曾养甫也着实为了建桥的资金而烦恼。虽说那时正值资本主义经济危机，物价便宜，外汇比率也不高，建材方面可以节省一笔支出，再加上茅以升的方案也节省了 200 多万银元。但是当时国民政府内忧外患，财政困难，浙江省地方财政的口袋里也确确实实不宽裕，510 万银元，怎么可能负担得起？更何况建桥工程量大，工期又长，万一中间再出个什么幺蛾子，你还能不追加投资，让工程烂尾？

510 万银元（折合当时美金 163 万元）的建桥经费在当时是笔巨款。举个例子：据《1918—1980 年北京社会状况调查》记载，在 20 世纪 20 年代的北京，一块银元可以买 16 斤大米，四五斤猪肉，120 个鸡蛋，6 尺棉布，而这还是在大城市的购买力，如果是偏远一点的地方，银元的购买力更强。

更何况1932年美国实行白银政策，导致中国白银大量外流，银元的存量非常紧缺，物价急剧下跌，造成银行、钱庄纷纷倒闭，各行各业资金周转也异常困难。总结起来就是你缺我缺大家缺，银子很难找。

盘算良久，即使知道前路困难重重，曾养甫还是毅然承担起筹款的任务。说到这里，你是不是为他的义无反顾捏了一把汗，万一筹款失败，大桥岂不是又不能建起来了？不要担心，虽说曾养甫是个工科男，但是运作起金融来一点都不逊色于人。他参照了国际上的做法，制订了一个筹款计划，那就是预定大桥建成后收取“过桥费”，以此为保证基金，向银行借款，计划10年内偿还本息，10年后大桥不再收费。

这个方案在当时的中国是个好方案，不过事情并没有想象得顺利。那时的政治环境动荡，银行界担忧在政治上没有保障，政府还不上钱，况且利息也少，没什么油水可以赚，没必要冒这么大风险，所以对这个事情根本不上心。没有办法，曾养甫只能群策群力，打地域情感牌，首先向银行界中的浙江籍财阀做广泛的宣传，发动筹资。

最后，浙江兴业银行（由浙江铁路公司于1907年设立，是中国最早的商业银行之一）被曾养甫说动，答应借100万银元。而后，浙江实业银行、四明银行以及中国银行、交通银行四大银行联合借100万银元。此外的300多万银元经曾养甫多方奔走，也有了着落：其中 100 万银元是不断向中央申请，最后由全国经济委员会补助的，不需偿还；剩下的 200 多万银元是知道尚有一笔中英庚子赔款没有使用，转借建桥。好了，看到这里终于可以松了一口气，建钱塘江大桥的经费解决了，大桥终于可以顺利建起来了。

工程招标

建桥所需费用得到落实，下面就可以开始踏踏实实干活了。首先成立钱塘江桥工程处，茅以升为处长，负责整个工程计划的统筹，不过这仅仅只是“万里长征第一步”。关于具体的工程实施，委员会商议良久，只能采用招商承办（即工程整体承包给公司或个人）的办法了，这种方式的好处在于：一是简便快捷；二是不需要购买专门的机械设备，帮助节约资金。

1934 年 4 月 15 日，工程处准备好设计图纸、工程规范等文件，发布了《建造杭州钱塘江大桥招标简章》。并发挥媒体的力量，在全国各大报纸刊登招标广告，广而告之，以找到有资格的厂商到杭州投标。不过工程处招标并没有只限定国内的建筑公司，外国建筑公司也可参与，所以这是一次国际性的招标，招标书也是用中英文两种语言撰写的。

最后主桥主要受力构件和铁路引桥钢板梁，全部采用英国生产的高等级钢材，工程的其他很多部分都是由外国公司承包。比如：主桥的墩台及其基础由丹麦康益公司承包；主桥的钢桁梁由英国道门朗公司承包；引桥钢结构由德国西门子洋行承包。也有由国内公司承包的，如：南岸引桥由国内新亨营造厂承包，北岸引桥和全部公路路面由东亚工程公司承包等。

实事求是地说，尽管茅以升团队是大桥的设计者和施工的组织方，但大桥主体的施工还是由外国公司完成，其中原因是因为当时国内承包商的施工力量确实比较薄弱，且限于工期紧迫，如此庞大复杂的工程很难消化。所以只能将最重要的正桥桥梁和桥墩交给外国承包商负责，不过，这些外国承包商施工时也雇用了大量中国工人。

即便是实力雄厚的外国承包商，能够中标钱塘江大桥的修筑工程，在当时也是非常荣耀的事情。我们可以看到，那些建筑承包公司在中标后，争相在报纸登大篇宣传广告，以彰显自己公司的实力。

当然这完全不影响茅以升团队所做出的贡献。钱塘江大桥依然是中国人自己设计并组织施工的第一座铁路、公路两用桥，对中国桥梁工程发展有着极其重要的意义。从另外一个角度来看，也说明了开放和包容的重要性，中国崛起和民族的复兴，依靠的是有容乃大的精神，而不是在封闭的环境中闭门造车。

大桥选址

杭州是长江三角洲地区的交通要道，所以大桥选址必须要考虑到一点，就是便利衔接沪杭甬铁路、杭江铁路以及两岸的各条公路。另外，鉴于钱塘江江面宽，如果桥太长，建桥经费肯定也会增加，所以为了节省建桥经费，选址也必须要考虑到河道宽窄这一点。然而钱塘江深受潮汐影响，平时江宽 1200 米，大潮时江宽 1500 米，周围地形也比较复杂，要同时兼顾到两点还是有一定难度的。

最后，经过茅以升带领团队沿着钱塘江仔细勘测、观察地形，最终将大桥地址定在杭州市区西南的闸口。这一段为钱塘江河口"之"形转弯处，是杭州市区段最狭的江面，且江道稳。同时这里也是沪杭线铁路闸口站西岔口终点，江道在这里就转向下游。

大桥北岸为六和古塔，南岸便是萧山，为修筑钱塘江大桥，南北两岸需要分别推进 300 米和 200 米，使得江宽缩到 1000 米，这样就达到了大大节省经费的目的，也可以避免本来地形上的一些缺陷，方便后期工程更顺利地进行。

四 前期勘测：三角定乾坤

三角测量

一般来说工程修建前，都会进行测量，只有得到必要的准确数据，才能更好地计划开展下一步工作。钱塘江大桥也不例外，于是当时浙江省政府便委托经验丰富的浙江省水利局开展测量工作。

测量采用的是三角测量法，所谓的三角测量法不是直接测量特定位置的距离，而是利用已知的测量目标点与固定基准线的已知端点的角度，来测量目标距离的方法。简而言之，就是几何学中的三边量测法，当已知一条边长及两个观测角度时，可知另外两条边长。

据说这种测量法最早出现在公元前600多年，希腊哲学家泰勒斯就利用过三角测量法，来测量自己及金字塔的

建桥设定的七个测量点，位于六和塔下的“A”点

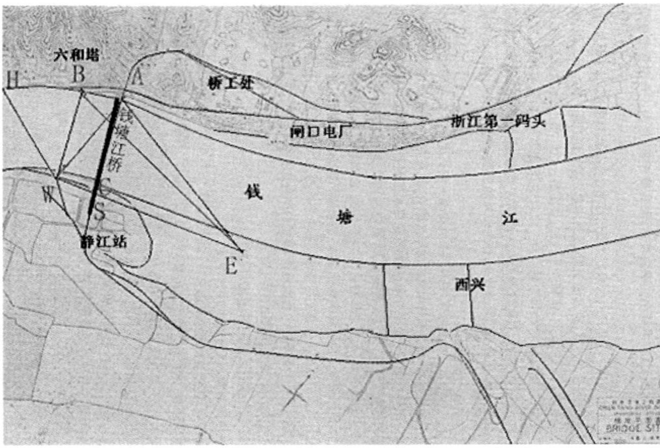

钱塘江大桥三角测量图

影子长度以及自己的身高。经过两千多年的发展，三角测量法被良好地建立及运用在区域性的地图制作。1853 年，英国地形测量局开始编撰《大英三角测量学》，18 世纪末，其他国家也开始建立详细的三角测量网络调查，以建立全国性地图。

准确地说，在 20 世纪 50 年代以前，国家大地网以及工程测量和城市测量中精密控制网的建立，几乎一律采用三角测量法。直到 20 世纪 80 年代卫星导航系统建立，才广泛地取代用于定位的大型三角量测网络。

所以三角测量法在当时是最为先进的。测量队在测量钱塘江大桥时，先勘定大桥中心线，再设置 N、M、A、C、S 五点。其中，北基点 N 为最高点，可俯视各桥墩建设。

以吴淞黄浦平均海面为零点，开展水准测量。用施距法，开展地形测量，一边测量一边绘制地图，保证准确性，就这样，在测量队耐心的作业下，终于完成两岸地图绘制。

地形测量

地形测量就是测定桥址周边的风貌、地形等，然后测绘地形图。只不过那会儿科学技术还没有现在发达，不能借助飞行器、卫星这些高科技手段，进行航空摄影测量，只是一并用了蔡司第二号经纬仪以及公尺制大尺。

测量方法还是采用了施距法，先对水平面上的投影位置和高程进行测定，按照一定比例进行缩小，再用符号和注记绘制成地形图。

别看这种方法不是那么高大上，对房屋、道路、地形的基本地形测量数值可都还是比较详细的。就算地形复杂，繁杂一些，对当时的技术水平来说，还算是很靠谱的。

测量结果

钱塘江北岸多山，建筑物和地形复杂，为详细测量，所以绘制 1∶500 缩略图。然后以三角网为根据，自预先设定的“A”点起实施测量，向东延伸 600 米，向西延伸 800

米，向北测量至山脚，约测量 6 万平方米。

江的南岸因为地势平坦、地形简单，所以只绘制了 1：1000 缩略图，依旧以三角网为根据，自“A”点起实施测量，向东至江道转弯凹处，向西延伸 1500 米，向南延伸 400 余米，测量面积约 5 万平方米。

测量队在测量的过程中，已经将地形图绘制好了，减少了在数据记录上的一些偏差，尽量保证了图纸完成后的准确性。最后，一共绘制出了 6 幅地图，然后再把它们合并成一幅，比例是 1：2500。

水文测量

钱塘江大潮闻名遐迩，不过这也成了在钱塘江上建桥的最大的困难。因此水文测量至关重要，千万不能马虎。测量周期也不会按年、月、周来统计，而是需要每日监测

◎小贴士

钱塘江观潮日：钱塘江大潮是一种自然奇观，它是天体引力和地球自转的离心作用，加上杭州湾钱塘江喇叭口的特殊地形所造成的特大涌潮。在每年农历的八月十五，潮水便进入汹涌期，交叉潮、一线潮、回头潮，潮水形态迥异，不同的潮水需要在不同时期，不同地点欣赏。

记录水文信息，按照每天水文的变化，来了解钱塘江水的“脾性”，颇有现在“大数据”分析的感觉。

那具体是怎么实行的呢？让我们来了解一下吧。

其实，方法并不复杂，监测人员先在桥址附近竖立起一根水尺，然后由专人负责观测记录。此外，还须对江底断面测量，选定中线和测量点，潮汛后锤测水深，用经纬仪视距法测各点位置，拼合记录绘制断面图。施测流速和流量，其中包括阶段性的洪水流速和潮水流速。

至于洪水流速，倒是不需要每日测量（正常情况下钱塘江水“脾气”还是正常的），需要在水位涨到最高时开展测量，潮水流速每月测量两次，分别是阴历初二与十七或是初三与十八。

测量日期

当然不是因为算过黄道吉日，而是江水会受地月运动的影响，那两天的钱江潮最强、最大。这就是为什么阴历八月十八成为观潮日的原因。每年中秋月圆之日，三星连珠（月亮、地球、太阳连成一线）时，钱塘江潮汛最大，潮水也就更为壮观。

钻探取样

也许你会问，又不是要开矿，建桥为什么要钻探呀？那是因为桥梁上的一切载重，均需由桥墩传达到江底，如此一来，江底的地质情形就是桥梁设计的基础和根据，所以要了解江底地质情况，就必须进行钻探，获取一手数据。

1932 年，由浙江省水利局在桥址附近钻探五穴，江中三穴，两岸各一穴，所获土样立即封存保管。至于需要取样的深度，会根据具体情况决定，深浅不一。在钻探时一般采用人力钻探和机械钻探两种方式，钻探深度在 60 米以上均采用机械钻探，其他就只能辛苦工作人员手动操作。

陆地钻探施工场景

这个钻探工程在技术和经济发达的现在，也许并不是太大的问题。但是在当时确实是非常艰难的。60 米，将近 20 层楼的高度，要在地质情况如此复杂的地下挖这么深，想想都不容易。

看到这里，你肯定又会想问工程全部使用机械岂不是方便省力？答案是没有足够的机械。当时，工程队向建设厅矿产调查所、浙赣铁路、铁道部借用了钻探机械，不过问题是还是远远不够。无奈之下，不少地方只能让工人手动打钻以获取样本。

经过工程队的不懈努力，在 10 个月时间内，工程处以及被雇佣的工人，总共钻探了 22 孔，并成功获取了地质土样，用于后续的分析，包括其性状、颜色、硬度、性质、成分，以便于更好地了解地质条件。

千万不要小看那一瓶瓶的泥土样本，里面装的可是有

水中钻探施工场景

钱塘江大桥位于六和塔旁，可从六和塔上俯瞰大桥

关施工的重要信息。比如，北岸山脚至江岸一带为西湖沙岩（因临近西湖而得名），是桥基最坚实的石层；河床底部为蛇纹岩，是桥基最软的石层；南岸河床多为鹅卵石，其下为红沙岩，是桥基最稳固的石层。而搞清楚这些地层地质构造是设计大桥桥基最为基础的工作，影响和决定着桥梁的整体设计。

五 大桥设计：茅以升团队的设计

正桥设计

我们可以在茅以升团队的方案中看到，钱塘江大桥是复式设计，上下两层。上层供人、车的日常通行，下层可以通铁路，让西兴与浙赣铁路、沪杭甬铁路、浙东公路连成一体，沟通了南北交通，连接了全国的铁路网。大桥总长 1438 米，其中正桥长 1173 米，分为 16 孔，每孔长 73 米，北岸一侧五孔平置，从第六孔起为顺应地势，以万分之三十三的坡度下顷，南北两岸各建有引桥一座。

正桥采用华伦式（Wanew Tyne）平行肢杆桁梁，便于布置双层结构，桁梁跨度为 72 米，分为 8 节，每节长 9 米；桁梁高约 11.7 米，两桁梁中心距离约为 6.7 米；下层铁路桥，净空高 7.3 米，宽 5.3 米；上层公路及人行道均为钢筋混凝

钱塘江大桥北堍公园中的茅以升塑像

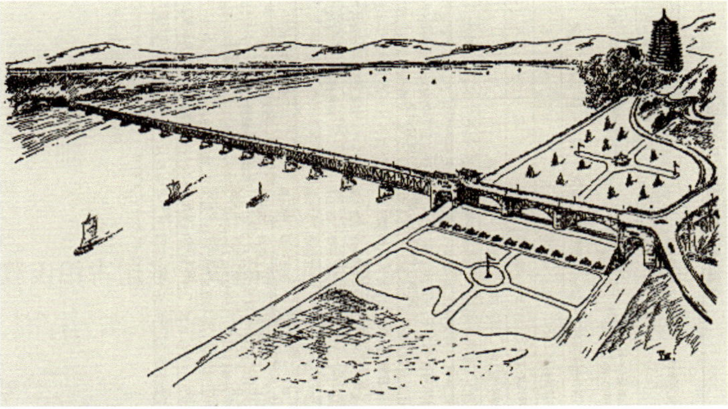

手绘钱塘江大桥鸟瞰图

土建筑。公路路面宽约为 6.7 米，两旁人行道各宽约 1.7 米，为翅臂式结构，伸出桁梁之外。

全桥修筑以硬度加大的碳钢（碳量在 0.0218%~2.11% 的铁碳合金）为主材料，桁梁采用铬钢（含铬的合金钢，质地坚硬，耐磨，耐腐蚀，不易生锈），以保证桁梁抗氧

◎**小贴士**

桁梁结构：桁梁结构中的桁梁指的是桁架梁，是格构化的一种梁式结构，是在平面结构中受力最合理的形式之一，可以说桁架桥是桥梁的一种形式，因此我们经常可以在铁路和高速公路上看到这种桥的结构。这种结构还广泛运用于大跨度的厂房、展览馆、体育馆和桥梁等公共建筑中，由于大多用于建筑的屋盖结构，桁梁通常也被称作屋架。

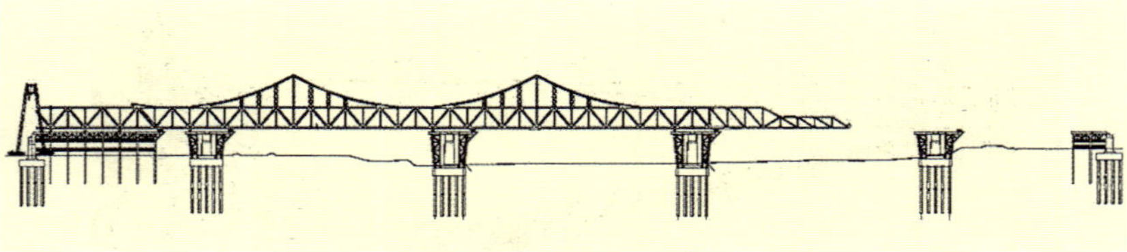

运用于桥梁的桁梁结构

化性和耐蚀性。为提高安全系数，铁路载重采用古柏氏载（美国铁路活载标准）50 级，公路载重以 15 吨汽车为标准，人行道载重规定每平方米 36.3 千克。

桥墩设计

钱塘江大桥的宏伟和雄壮是毋庸置疑的，不过引起我们感叹的，似乎仅仅是因为桥体。但是你们知道吗，桥体在工程方面还不是最难建造的那部分，实际上技术含量最高、最难建造的，恰恰是最容易被忽视的桥墩，钱塘江大桥更是如此。至于原因，且听细细道来。

大桥正桥的桥墩共 15 座，这些桥墩要建造在江底石层之上，而钱塘江底的泥沙极厚，以前的那些造桥计划，基本是因为这项最基本的困难而被搁置的。厚也就算了，江底石层还坑坑洼洼的，所以墩基的设计和建造就必须要适应江底极其复杂的地势，至于为什么桥墩的高度也是各不相同的，目的就是为了让顶部肯定齐平、平稳地支撑

刻有《钱江建桥记》的桥墩

桥身。

江底不比陆地，在茫茫江水的覆盖之下，还有许多浮沙、淤泥、石层阻隔，环境相当的复杂。当时的科学技术也没有现在发达，没有超精仪器帮助，勘探的时候也着实花了很大的力气。

比如 6 号桥墩向南，江底的石层骤降，浮沙层很厚，因此，只能将木桩打入江底石层，再把桥墩建于木桩之上，因为桥墩体积太大，又很重，所以每个桥墩的底部要打上 160 根木桩才能支撑住。所以客观来说，桥墩的施工其是最麻烦最困难的。

也许你要问，为什么大桥桥墩底部用木桩打桩？

原来桥墩下的木桩可以起到支撑墩身稳固的作用，大

正在建设的桥墩

桥的重量也主要由木桩承担。可以说，钢桥却长着木制的“脚”。钱塘江大桥桥墩下的木桩是从美国进口的，耐浸泡，在水里不容易腐坏，只要不暴露在空气中，有水和淤泥层保护，寿命很长。

这些木桩大部分是插在江底的淤泥和流沙里的，靠桩面和淤泥及流沙层的摩擦力支撑大桥。江底泥沙有41米深，木桩长约30米，桩脚到石层时，桩头就在江底下面11米多，如何把长桩埋在江底，而且在桩头上还留有这11米的泥沙覆层呢？而且，打桩时，江上茫茫一片，没有其他建筑，需要确定准确的位置。这就依靠了特别制造的工具设备和测量施工技术。当时承包商康益公司特别制造了两艘打桩机船，每艘能起重 140 吨。

正桥桥墩有三个部分，除了上面提到的起支撑作用的木桩外，还有木桩上面的沉箱和沉箱上面的墩身。沉箱是个长方形的箱子，不过上无盖，下无底，只在箱壁的半中腰，有一层板，把箱分为两半，因而箱的上一半口朝天，下一半口朝地。因为有口朝天的这一半，沉箱就能浮在水上像条船；因为有口朝地的这一半，沉箱下落后，盖住江底，就形成一个房间。把高压空气打进这个房间，将水赶走，工人就可在那里面工作，因此这个房间叫作工作室，这种沉箱就叫作气压沉箱。沉箱既是墩身的底座，也是木

打桩作业

屹立 80 多年的钱塘江大桥，上层是公路，下层是铁路

桩的帽子，是木桩和墩身的联结体。施工时先打水下木桩，然后装上沉箱，在沉箱上建筑墩身。但是沉箱和墩身都是钢筋混凝土做的，不能在水中工作，为了防水，就需要特殊的施工方法。这个方法的关键是把沉箱做得像条船，江中打桩时，就在岸上做好，木桩打完后，立即拖下水，浮运到木桩上面，在沉箱上加重，就把它沉到江底。这时要沉箱像座房子，里面没有水，因而工人才能进去，并在下面挖去流沙，越挖越深，沉箱就降落到木桩上头。在沉箱还未下沉的时候，它顶上就装有挡水木围墙，也圈成一个房间，里面无水，可在沉箱顶上做墩身。沉箱下落时，墩

身愈筑愈高，高出水面后，木围墙就可拆去，沉箱到达木桩头时，墩身也就快完成了。

钱塘江大桥每个桥墩下都打有木桩，沉箱沉下后，能否与木桩吻合，保证每根桩都能受力，这是桥墩质量的关键，正桥钢梁十六孔，都是在岸上一孔一孔地拼装起来的。每装好一孔，就把它存放在江边，等到有任何两个邻近的桥墩完成时，就将一孔钢梁，用船运去，架在这两个桥墩上。

根据茅以升团队的设计，木桩、沉箱和钢梁，不分上下，都是同时动工的，这就是上下并进。木桩打完运沉箱，沉箱下落时筑墩身，墩身完毕后架钢梁，一气呵成。

引桥设计

说完桥墩，我们来说一下引桥，顾名思义，引桥就是引生出来的桥段，指的是位于主桥两端，在岸上为了适应

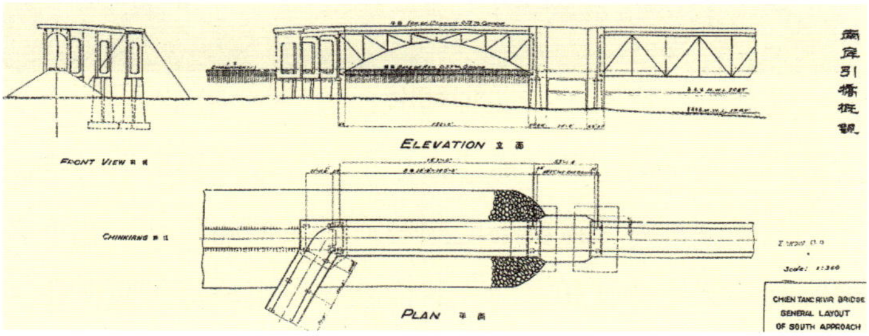

南岸引桥设计图

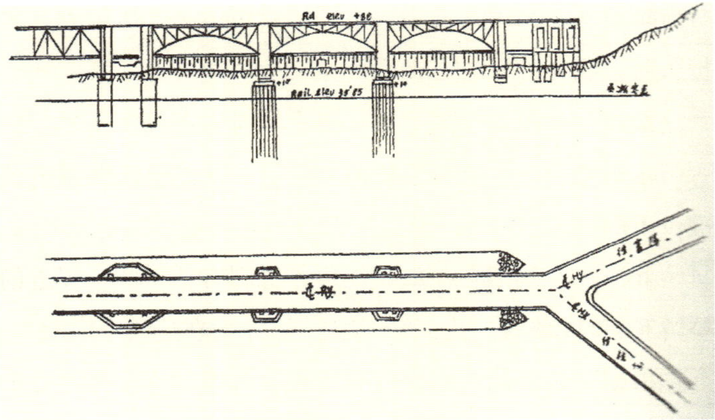

北岸引桥设计图

北岸引桥

主桥高度的桥梁跨段。那建造主桥时为什么不与岸一样高呢？很简单，为了让桥下能顺利通行大型船只，桥孔下必须留有足够的高度和空间，这样就必须把桥造得高一些。只有这样，桥与两岸间的坡度才能顺利地连接起来，不至于影响上下桥面的交通。

所以，简单来说，引桥就是桥和路之间的“过渡”，把路面逐渐抬高或逐渐降低，使车辆能平缓地上下桥面。为了在施工过程中保证工程队的安全，且兼顾美观和经济，建设团队进行多次修改后，才形成了最终的设计方案。

北岸的引桥长约297米，由两座50米平台、三座钢拱桥和十座钢筋混凝土框架组成。引桥西邻六和塔，北接虎跑山谷。两端各建有平台一座，长方形的南台临江，长腰六角形的北台近山，每台两层，和主桥一样，下载铁路，上乘公路。

两平台间建造钢拱桥三孔，承托公路，下层垫成土台，供铁路使用。平台上公路分为两线，成八字形，沿山坡而下，左侧通往富阳，右侧通往杭州。平台山坡间建混凝土框架桥，铁路穿过平台后，经虎跑山谷与沪杭铁路接轨。

南岸引桥长大概是101米，由两座50米平台、一座钢拱桥以及两座钢筋混凝土框架桥组成。南岸平台较北岸短，而且设计也比较简单，都是规整的长方形，公路出平台后折向东南，经混凝土框架与萧山公路（现在滨江区）相连，铁路修筑于垫起的土质平台之上，穿过平台与南岸铁路相连。这样南北两岸才能真正实现无缝对接，便利全局交通。

设计标准

上文说，钱塘江大桥修筑采用承包制，也就是所有施工项目通过招标由中标单位负责，工程处不进行具体工程的实施，只是作为甲方负责协调和管理工作。

参与单位一多，就比较难把控整体的建筑质量。所以为了保证工程质量，就必须提出详细的材料、技术要求以及严格的检查程序。对于钢骨、水泥、沙子、石子、水，都有着严格的标准；混凝土搅拌、浇筑等也有相应的工作程序和流程要求。

从留下来的资料中我们可以了解到，工程处对具体材料事无巨细，小到一颗铆钉都有着严格的规格要求，型号、

工人用风枪铆合铆钉（每组正桥钢梁由 18000 个铆钉铆合而成）

钱塘江大桥桥工处职员

大小、材料等一系列参数，都做了详细标注。这样做，可以便于统一向厂家定制化采购，集中供货，同时也能防止在工期进行时，建桥材料不能及时供给的尴尬情况。

◎**小贴士**

建桥材料：当时建造钱塘江大桥的大部分钢料都是从英国进口的。在英国本地制造的时候，还委托了专家就近进行质量把控。比如每一锅溶质，必须要经过化学分析，含其他稀有金属的比例要严格按照成分。在制造完成之后，又要经过强度试验，比如弹性限度、张力、延长百分率、破裂情形、冷热弯曲等试验，测试完毕，还要形成相应的报告。钢材建成之后，还要依照图纸设计的样式，再进行剪裁，最后再用轮船运到中国。

连一颗小小的铆钉都这么严格要求，可想而知像钢轨这样的关键部件会是怎么样的了，甚至从施工图纸上画的钢轨扣件的具体参数，从一根直线、一根拐角，我们都能深深地感觉到当时建桥者们精益求精的专业精神了。

钱塘江大桥，如此庞大的一个工程，不仅要从大的设计结构把控，更要从细节出发，如此才能真正成就一座伟大的建筑。如今，大桥已经在风雨中矗立 80 余载，却依旧在为大家服务，似乎已经证明了钱塘江大桥建设者注重的细节所产生的不可估量的价值。

六　开工建设：克服困难之旅

开工典礼

在经过前期紧锣密鼓的筹备之后，钱塘江大桥终于要开工了，全国人民都为之振奋。

1934 年 11 月 11 日（第一次世界大战后的和平纪念日），在这个具有重要历史意义的日子，钱塘江大桥开工典礼终于在六和塔山麓举行。

现场车水马龙，络绎不绝，人们不断从四面八方赶过来，见证这历史性的一刻。各界政要、中外嘉宾、两岸民众齐聚于此，现场一片欢欣鼓舞，因为这是中国自行设计并首创的双层联合桥的开工仪式，钱塘江大桥寄托了众多国人的希望。

“东南交通，此其枢纽；钱江砥砺，永固金汤。”这是中国桥梁史上的一个重要历史时刻。“沟通两浙”是钱塘江大桥所承载的历史使命，也是组织者、设计者、建造者圆梦的地方。在那些慷慨激昂的发言中，人们内心也随之被点燃，因为“中国人无法在钱塘江上建桥”的预言将会从这天开始被打破。

而且，钱塘江大桥还体现了“中国速度”，这包含了一个民族的努力和荣耀，以及向全世界传递的民族的精神。在国内外局势极其复杂的情况下，中华民族依旧不屈不挠，展示了“中国速度”。

1934 年国际和国内局势日趋复杂，日益紧张。浙江省

开工典礼现场

钱塘江大桥开工典礼

建设厅厅长曾养甫希望将工期缩短一年，于是与各承包商紧急磋商工期事宜，提出“缩短工期，提高报价”的建议，要求承包商在一年半内完成工程。鉴于当时的技术水平，基本上是不可能的任务，各大承包商接到这样的要求，觉得工期太紧。

曾养甫为了鼓励承包商早日完工，甚至提出“如能提前完工，按日奖励”的办法；康益公司一直希望凭借大桥的工程扬名业内，考虑到提前完工，不仅可以多创收，还能彰显公司实力，所以并没有一口否决，只说回去商议。直至开工典礼前的清晨，在多方周旋以及曾养甫铁腕之下，康益公司的代表才勉强签下正桥桥墩400天完工的“军令状”。

一般来说，传统建桥工序，需要先做下面桥基，后做上面桥墩，最后架设钢梁。为赶工期，茅以升团队改变了一贯的工作程序，改为“上下并进、一气呵成”的办法，即桥基、桥墩、钢梁同时制作，等到桥基建好时，再依次安装。

康益公司的广告

毫无疑问，这样的施工方法，加快了桥梁建设速度，各建设公司也是拼了，最终，才保证大桥用了两年半的时

◎小贴士

康益公司：前身是一家丹麦的外资公司，由丹麦商人康立特于1919年创办。在公司发展十几年后，慢慢壮大，积累了很多大型工程的经验，资力雄厚。建造钱塘江大桥采用的是招标制，当时17家公司参与招投标，康益公司就是其中的一家，康益公司顺利中标，负责正桥桥墩的建造。

1953年5月13日，康益公司被收购归为国有，编入第一机械工业部基本建设工程局华东土建机具供应站。此后公司几次更名，直到2013年5月正式改名为上海市基础工程集团有限公司。

间完工。你是不是很奇怪，为什么还是两年半，不是和之前一样吗？事实上，施工过程中遇到了不少困难，如果不是用赶工的方式建设，两年半也只是一个不可能完成的合同数字而已。

屡经磨难

茅以升和他的团队，从开始就没认为在钱塘江上建桥是一件容易的事。果然，建桥时遇到了很多困难。这里举几个有代表性的例子：

一是为打桩。承包商康益公司特地订制两艘打桩船，第一艘打桩船造好后，在驶进杭州湾时，遇上大风，便触礁沉没。不过好在还订制了另一艘船可以打桩。

二是围堰。在钱塘江水浅处建造桥墩用的是围堰法就地浇筑。就是用钢板桩打进江底，做成围堰，在桥墩旁围堰内填土筑岛，之后浇筑沉箱。但是由于钱塘江风急浪大，江底流沙由于受到江水日夜冲刷，愈刷愈深，结果钢板桩围堰就倒塌了，此时的倒塌在江底的钢板桩成了阻碍施工的障碍物，后来经过很多麻烦，才把这些钢板桩拔出。

三是建桥用的沉箱。在工程开始时由于缺乏经验，遇到许多挫折，有一个沉箱从码头出来，不料遇到大潮水，沉箱拖带固定用的铁锚，被冲到下游，并且冲到南星桥把码头撞坏，当时江上的24艘汽轮一齐来协助，才把沉箱拖回施工地点。不料没几天这只沉箱又遇到大潮水，捆箱缆索松断，沉箱又被潮水裹挟到了上游离桥10公里的闻家堰，落潮后深深落入泥沙层，后来用了许多办法，才使沉箱浮出，拖回桥址。在四个月内，这只沉箱乱窜了四次。

由于大桥在施工过程中，遇到很多想象不到的困难，因此施工进度也就一拖再拖，施工时频发的事故和满城风雨的谣言，传到了曾养甫这里。这时曾养甫已经去南京任铁道部次长，他找茅以升去南京谈，问明情况后，他正颜厉色对茅以升说：“我一切相信你，但是，如果造桥不成功……你得跳钱塘江，我也跟你后头跳！”原来，曾养甫

抽取沉箱内的江水

钱塘江大桥工地

受了上面督责，说他用人不当，因而沉不住气了，这也可见造桥压力之大。茅以升听了一言不发，心里很激动，憋了一口气，心想：“你看吧。”他回到杭州，立志要克服重重困难，把桥造成。

茅以升作为建桥项目的负责人，除了要面对造桥中的各种困难，有一次，他还化解了一场大桥开工后的经费危机。1935 年夏天，建设银公司的负责人宋子良突然约茅以升去上海谈话，说：“中英银公司的铁路借款还有两天就要在上海签字，但其中关于钱塘江大桥借款部分，发现一个大问题，无法解决，因此桥工借款，这次来不及包括在合同里了。”茅以升问是什么问题，宋子良说：“浙江省和五家银行的借款合同，已经把钱塘江大桥的全部财产都作了抵押，现在中英银公司的借款，如果把桥工包括在内，就没有抵押品了。”

原来，由于当时铁道部担心将来沪杭甬铁路过钱塘江大桥时会遭受浙江省的挟制，认为所有铁路应该由中央统一经营，不能因钱塘江大桥而受制于浙江省，因此提议对钱塘江大桥工程款负担一半，改作铁道部与浙江省合作。因此，原先的部分筹款办法就取消了，这样一来，由于浙江省和五家银行的借款合同已经把钱塘江大桥的全部财产作为抵押，铁道部的借款没有了抵押品。

茅以升问宋子良如何补救，他说，除非对浙省银团的

建设中的钱塘江大桥

借款合同加以修改，把“全桥抵押”，改为按部、省经费担负的“比例抵押”。

但现在距离签字只有两天了，茅以升赶忙赶回杭州，尽力设法，分头向五家银行接洽，日夜赶办修改合同的事，终于在两天之内与五家银行以及浙江省建设厅、财政厅修改好合同，最终获得了铁道部的工程借款，了结了一次经费风波。

走向胜利的自强之路永远是坎坷和曲折的，建桥时遇到了重重困难，茅以升母亲对他说：“唐僧取经，八十一难，唐臣（茅以升的号）造桥，也要八十一难，只要有孙悟空，有他那如意金箍棒，你还不是一样能渡过难关吗，何必着急！”

对应下角色，那时的“孙悟空”就是全体队伍，“如意金箍棒”就是科学里的一条法则：利用自然力来克服自然界的障碍。当然还要加上取回“真经”的信念，方能取得成功。

《西游记》里，唐僧师徒四人西行取经，需要经历九九八十一难，方成正果，而钱塘江大桥的修筑，其实也是一次次经历劫难、奋斗不懈终获成功的过程。

经历了这么多磨难，接下来似乎应该是大桥顺利建成，全国人民欢欣鼓舞的场面。很遗憾地告诉你，并不完全是，因为还有磨难在后面，考验着建桥者的信心和意志，建桥者还需要用不屈不挠的精神继续克服困难。

不管如何，此刻，中华儿女的心系一处，共同承担风雨中的命运。

七　此桥必复：桥成复毁及大桥重生

大桥建成

1937 年 9 月 26 日早上，第一列满载军用物资的火车从大桥顺利通过，标志着钱塘江大桥的正式建成。从 1934 年 11 月 11 日正式开工开始，钱塘江大桥的修建整整经历了两年半。这中间经历的种种磨难和艰辛是后人无法想象的。尽管如此，建桥者们还是凭借着满腔热血和智慧，完成了这个伟大的工程。

茅以升在《钱塘江建桥回忆》中写道："当'八·一三'上海抗战开始时，江中正桥桥墩，还有一座未完工，墩上两孔钢梁，无法安装。然而燎原战火，则已迫在眉睫，整个大桥工地，已经笼罩在战时气氛之中。所有建桥员工，都同仇敌忾，表示一定要大桥早日通车，为抗战做出贡献。

钱塘江大桥通车，一列满载军用物资的火车从大桥通过

奋斗结果，大桥在一个半月的极短时间内，居然能通车了。大家在欣慰之余，都不由地想到，大敌当前，这一个半月的宝贵时间，是如何赢来的呢？这是上海抗战的将士屹立敌前，坚决抵抗，不让侵略凶焰立刻蔓延到大桥工地的结果。钱塘江大桥的建成，也应该感谢那些英勇抗敌的将士。”

钱塘江大桥全长1453米，宽9.1米，高7.1米，气势伟岸，横贯钱塘江南北，是连接沪杭铁路、杭甬铁路、浙赣铁路的交通要道。作为中国第一座自行设计、建造的双层铁路、公路两用桥，它的建成象征着中华民族复兴的一步。

当大桥建成的时候，包括建桥团队在内的所有中国人非常激动，欢欣鼓舞。看着这座气势如虹的大桥架于钱塘

运送前线的飞机

建成的钱塘江大桥俯瞰图

江之上，内心的骄傲和自豪难以言表，他们眼中含着泪光，只是那眼中还有隐约的担忧。

如果，故事到这里结束那该多好，然而接下来，更大的劫难将要开始。

战火来袭

1937 年 9 月，钱塘江大桥已经完成了下层铁路路面，火车可以顺利通行。显然，在那个战火四起的年代，大桥建成后，火车可以跨江贯连其他省份，对军事运输发挥了重大作用。当然，在淞沪抗战中，中国军队守卫上海，英勇无畏可歌可泣，客观来说，也为大桥建成争取了时间。正如茅以升在《钱塘江桥工程记》中所说：“本桥于民国二十六年九月廿六日通车，而上月十三日，淞沪抗日战争，先已开始，翌日，本桥即为敌机侦察，此后不时轰炸，情势日紧，工作亦愈形艰苦。然幸能誓群工，兼昼夜，而卒克完成大业者，实赖我淞沪守土将士，屹立前军，效死不去之故。其后通车三月，发挥本桥之使命，及今胜利归来，又获重整旧工，皆我抗战将士牺牲之后果。工程成败，有视军事，于本桥为益信。本桥之成，实我抗战胜利之记功建筑矣。”

1937 年 11 月 16 日下午，突然一名不速之客来访，这

建成通车的钱塘江大桥

位客人正是南京工兵学校的丁教官。而他此行的目的只有一个：要在明日炸毁钱塘江大桥，以防日军过江。虽然早就有心理准备，但是茅以升听到这个消息后，还是大吃一惊，他不曾想，战事如此之快。

茅以升深知为了防止日军过江，这是一定要做的事，不过他不能擅自决定。于是两人一道去浙江省政府找省长朱家烨，说明情况，可能省长也觉得炸桥太仓促，要从长计议，才暂时把这个事情给压了下来。

而且，第二天茅以升突然接到命令，要求立即开放大桥上层的公路。其实早在一个多月前，大桥就全部竣工，只是为了防止日军袭击，才没有开放。如今，上海方面战火越演越烈，逃亡过江的人越来越多，运输的船只不够用，甚至还发生沉船事件。如此一来，也管不了这么多，只能帮助难民先过江再说，据不完全统计，那时每天渡江的人群可达到十几万之多。

神奇的是，当时炸药已经部署在各个要炸毁的点，火车、人群、汽车，纷纷从炸药上通过，有些好奇心强的，还会不断在桥上徘徊。

难民和士兵通过钱塘江大桥

主动炸桥

到了1937年12月初，抗日战火还是蔓延到了杭州附近，茅以升他们知道，大桥终究是要保不住了。还能怎么办？天下兴亡，匹夫有责，尽管内心有诸多痛苦和不舍，他都必须炸桥，积极配合抗战，不使大桥为日军所用。

当时军方拟定计划是炸毁五孔钢梁，使其全部落入江中。但仅炸毁钢梁，敌人会设法修复通车，幸好茅以升团队在修建大桥的时候已经考虑到这个问题，故在靠近南岸的第二个桥墩里，特别准备了一个放炸药的长方形空洞，只有将这个桥墩一并炸毁，才算是彻底毁坏桥梁。

方案确定之后，茅以升亲自指出炸药放置的要害部位。假如让他亲手按下爆炸器，实在会心痛不已。不过不幸之万幸，大桥被炸的那天，他因为去上海解决承包商结账的问题，才免于这种经历。

然而，即便没有亲身参与，茅以升依旧满腔悲愤，痛苦之情无可名状。他后来毅然在书桌前写下：“桥虽被炸，然抗战必胜，此桥必获重修。”

1937年12月22日，敌人进攻武康，威胁富阳，杭州形势更为严峻，政府机关、军民撤往浙东方向，不计其数的军民以及战备武器开始陆续从钱塘江大桥过江撤退。到了23日下午2点通行完毕，军方便下令派工兵一排在北岸

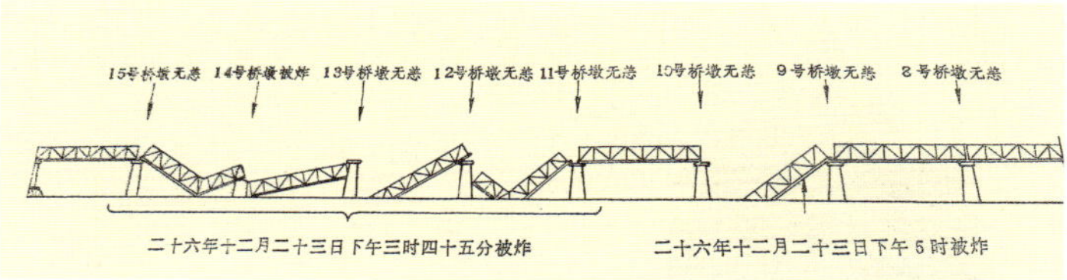

钱塘江大桥炸毁后的示意图

警戒，准备爆破。

不过，由于难民如潮水一般从桥上涌过，根本没有办法制止，所以直等到下午五点，直到看到日军将到桥头，才下令拦截入口，禁止任何人通行。终于在冬日暮霭沉沉的傍晚，军方开动了引爆器，一阵轰然巨响，顿时漫天烟雾和火光，刚刚建成不到90天的钱塘江大桥，就这样被炸毁了。

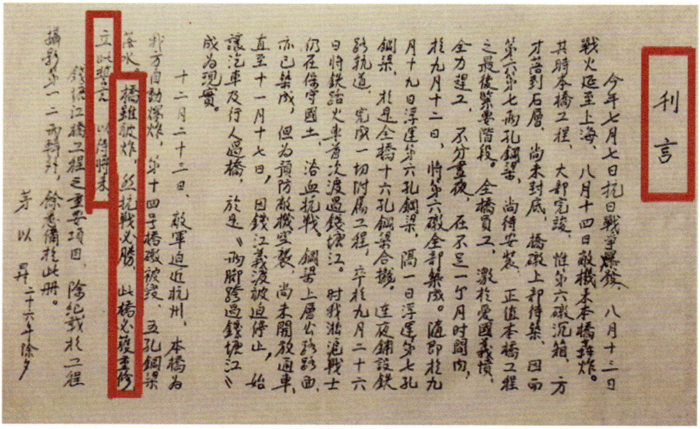
前言

今年七月七日抗日戰爭爆發，八月十三日戰火延至上海，八月十四日敵機來本橋轟炸。其時本橋工程，大部完竣，惟第六墩沉箱，方才落到石層，尚未到底，橋墩上部待築，因而第六、第七兩孔鋼梁，尚待安裝。正值本橋工程之最後緊要階段。全橋員工，激於愛國義憤，全力趕工，不分晝夜，在不足一個月時間內，於九月十二日，將第六墩全部築成。隨即於九月十九日浮運第六孔鋼梁，隔一日浮運第七孔鋼梁，於是全橋十六孔鋼梁合攏。連夜鋪設鐵路軌道，完成一切附屬工程，并於九月二十六日將鐵路火車首次渡過錢塘江。時我淞滬戰士仍在保守國土，浴血抗戰，鋼梁上層公路路面，亦已築成，但為預防敵機空襲，尚未開放通車，直至十一月十七日，因錢江義渡被迫停止，始讓汽車及行人過橋，於是"兩腳跨過錢塘江"，成為現實。

十二月二十三日，敵軍迫近杭州，本橋為我方自動爆炸，第十四号橋墩被毀，五孔鋼梁落水。橋雖被炸，然抗戰必勝，此橋必復重修，立此誓言，以待將來。

錢塘江橋工程之重要項目，除紀載於工程攝影第一二兩冊外，餘悉備於此冊。

茅以昇 二十六年除夕

1937年除夕茅以升写下：“桥虽被炸，然抗战必胜，此桥必复重修，立此誓言，以待将来。”

为阻止日军南侵，钱塘江大桥被迫自行炸毁。第 10、第 12、第 13 孔钢梁一端落水。第 14、15 孔钢梁全部坠入江底

钱塘江大桥的建成极大地便利了中国东南部的交通，而且在中国抗日战争全面爆发后的关键时刻修成通车，对疏散群众、运送物资、支援抗战有着十分重大的贡献。上层公路桥通车当天，就撤退难民 10 万多人。炸桥前一天，通过铁路桥撤退的机车有 300 多台，客货车 2000 多辆，其他物资更是不计其数。

正如曾养甫在《大桥北岸桥堍碑文》所言：“桥成之日，抗日军兴，通车三月至十二月二十三日，杭州陷落。先一日茅君奉令会同军事机关，将桥炸毁，闻者痛惜。然战役中军旅转运，人民疏散，及公私物资之抢救，胥以斯桥为

孔道，所以保存全国实力者至大。虽甫成而遽毁，其效已大见于当世。”

此时为了不让钱塘江大桥落于敌手，只有忍痛炸毁，茅以升在离开杭州时，写了诗作《别钱塘》，表达了造桥的艰辛历程以及对中国抗战必胜，大桥能够最终被恢复的信心。

钱塘江上大桥横，众志成城万马奔。
突破难关八十一，惊涛投险学唐僧。

斗地风云突变色，炸桥挥泪断通途。
“五行缺火”真来火，不复原桥不丈夫。

草草修桥

大桥的炸毁牵动了无数人的心，毕竟为了防止日军短时间修复过江，肯定下足了劲儿，“伤势”绝对不轻。

起先，日军占领杭州后，无暇顾及桥梁修筑。只是在坠落江中的五孔桥梁上，架设军用木桥面，先接通公路，行驶汽车。

然而，随着日军逐渐扩张战略局面，为了方便战略物资的大量运输，从 1943 年底起，便又打起了修复钱塘江大桥的主意。为此，还专门设立了“钱塘江桥复兴局”，开始着手修复桥墩及钢梁。14号桥墩除基础外，完全炸毁，13号桥墩水上部分炸毁，被炸断的桥梁炸断包括12号、13号、14号、15号共4孔，呈曲线状，全部坠落入江底，桁梁上截断的钢件多倾陷于原处；10孔钢梁被炸后的第二日，南端坠入江中，其后北端亦一并下坠在附近。

此外，5号、6号、9号、13号、14号共五座桥墩也被破坏，其中作为主桥墩的6号最为严重。

这里还要补充一下，5号、6号桥墩并不是在被日军

被炸毁的钢梁

占领前破坏的，为避免大桥被日军修复以后轻易利用，在日军草草“修桥”通车后，活动在浙江一带的一支属于国民党的游击队，分别于 1944 年 3 月和 1945 年 2 月，在夜色掩护下，派人泅渡到桥下安放定时炸弹，将 5 号、6 号桥墩成功引爆，两个桥墩损坏相当严重，日军修了很长时间，也只能维持临时通车，大桥摇摇欲坠，使得日军无法很好利用。

桁梁“伤势”也不轻。10、12、13、14、15 号等 5 孔炸毁，其中 12、13、15 三孔一端坠落，杆件损坏卷曲，第 10 孔侵入水中时间久，钢件锈蚀严重；第 6 孔桁梁因受 5、6 号桥墩震动影响，其中，作为主桥墩的 6 号上的支座辊轴全部倾倒，或脱出支座之外，伤势格外严重。

其他各孔两端公路引桥完好。正桥 5、6、11、16 各孔南岸钢拱桁梁及公路混凝土桥面也有不同程度的损坏。

至于日军所谓的“修桥”是怎么进行的呢？我们可以通过几个例子来一窥究竟。

5 号桥墩在墩壁间开凿方孔 5 个，倾入河沙约 2 米厚，以填塞井穴，底部灌注混凝土，用来加固墩身。另两处裂缝使用了 43E 公斤钢轨，四道拼接成箍，外包混凝土，用来暂时保护。

6 号桥墩的修理，在南端井穴内填沙，上灌混凝土 5 米深，中埋钢轨各 9 根；中部井穴填沙，上灌混凝土 9.5 米，钢轨各 8 根。两壁中部的碎裂和脱落部分，进行填补。另中部一条水平方向的裂缝，及离墩顶 1.5 米两处的外围，则各用钢轨三道箍紧，外包混凝土。

另外，9 号桥墩虽然破损严重，但不影响通车，日军就懒得处理（果然不是“亲生”的）。

13 号桥墩的修理，是将上部墩身高约 4 米的地方均凿除，按照原来设计浇筑钢筋混凝土；在新修部分与正常水位间，用钢轨箍两道加固。裂痕部分，每道箍内钢轨两根，外包混凝土。

从上面几个例子中，我们大概就可以知道，在整个修筑过程中，日军并未完全更换钢桁损坏部分，而是继续留用那些被炸得歪七扭八的杆件。甚至第 6 孔活动支座被炸时，被震动以致倾倒的辊轴，也只是清理时用铁皮垫衬。铁路轨道也就只是垫了几块木头用来维持平直。钢轨鱼尾板为长条形，并没有底脚部分，护轮轨每节点只有螺栓两枚。

总而言之，日军就没有想真心修复，只是急于实现自己的侵略野心，临时应付军用。缝缝补补，凑合用下，哪里会关心桥梁的美观和安全与否。1944 年，钱塘江大桥又开始通行火车。

很多年后，茅以升出访日本，碰到当时负责修理大桥的日本工程师，日本工程师盛赞大桥原来设计的巧妙和施工的质量。听说钱塘江大桥在新中国成立后已被永久修复，且和被炸之前并无二样，日本工程师表示惊叹不已。

大桥“涅槃”

1937 年，由于战火蔓延，桥工处内迁至浙江兰溪，而后再迁往湖南湘潭。中间桥工处一再被疏散，所剩人员寥寥无几。等到 1939 年再次迁往贵州平越县（今福泉县）的时候，桥工处仅仅只剩下三个人，分别为茅以升、一位银行稽核员和一位保管公物的监工。

不过，有关钱塘江建桥的档案资料共 14 箱，一直由茅以升随行携带，包括各种图表、文卷、影片、照片、刊物等。其中，影片为完整记录建桥过程，建桥时茅以升特地对建设过程进行跟拍，详细记录了大桥建设的施工细节，最后形成长 2500 米的影片胶片。

这在电影还没有普及的年代，是非常难得的。想象一下，在 80 多年前，在一个桥梁建筑工地，记录下了整个建桥过程，这是多么磅礴大气的系列纪录片啊。所以说不得不服气茅以升的先见之明，因为这些资料已成为大桥建设最为重要的历史档案资料。

1945 年 8 月 15 日，日本宣布无条件投降，中国全国军民经过坚毅而持久的浴血抗战以及不屈不挠的奋斗，终于取得了抗日战争的伟大胜利。听到这个消息，举国上下无比振奋，普天同庆，茅以升也十分高兴。他离开钱塘江大桥时曾写道“抗战必胜，此桥必复”，如今抗战获得胜利，接下来要准备修复钱塘江大桥了。

1946 年春，茅以升带着桥工处人员以及辛苦辗转保存下来用于恢复大桥的资料数据来到杭州，随即接到交通部命令让他充实桥工处，准备修桥。当时的钱塘江大桥虽被日军草草修复，但是千疮百孔，全桥仅能在下层铁路桥勉强通行火车，而且速度严格限制，如不及早彻底修理，势必发生危险。

在浙赣铁路局的资助下，终于开始着手进行全桥修复计划。之后，桥工处委托中国桥梁公司上海分公司修复，总工程师为汪菊潜。大桥修复过程中，仍须维持桥面通车。

◎小贴士

汪菊潜（1906—1975）：祖籍安徽省休宁县，幼年时因家境清寒，在教会学校“自助部”半工半读。因成绩优异被保送入东南大学。1927 年 1 月被交通部派赴美国留学，一年后获康奈尔大学土木工程硕士学位，在美国桥梁公司实习，回国后到铁道部工作。

抗战胜利后，汪菊潜受茅以升委托修复钱塘江大桥，面对重重困难，他带领团队创造了“套箱法”，解决了修复深水桥墩的难题，最后成功修复了钱塘江大桥。

1946 年，用木线板修复的公路面

鉴于修复的时候大桥需要正常通行，所有大桥的修复大致分为两部分：一是临时修复接通公路，暂时维持上下的日常通车，对于过分损坏的地方，局部加强修理。二是正式修复，将所有损坏的桥墩、钢梁和路面恢复如初。

经过详细的勘探，才了解到桥的损毁程度比想象中更严重，没有办法，只能先在被破坏的五孔公路桥面上铺设临时木质桥面，于桥桁公路纵梁上铺设横轨和面板，以先恢复单线汽车的通行。之后，又对各孔完好的桁梁加涂油漆，还在南北两岸建造临时房屋，作为公路通车的管理所，方便时刻监管工程的进度，早日实现修复计划。

正式修复中最困难的问题和建桥时一样，仍然是正桥桥墩和钢梁。对于靠南岸的第二座桥墩，凿去上部墩身，拔除日本人打的临时木桩，在原有沉箱上另筑新墩。修复工作最难进行的是位于江心的第五号及第六号墩。墩壁破坏严重，要在水下建墩，需要水下作业，而桥上又要维持通车。汪菊潜凭借扎实的功底，经过周密策划，与中国桥梁公司上海分公司的同事等共同创造出一种“套箱法”的修复办法，来解决这些困难。

一年后，公路通车，总算初步恢复大桥双层通车的作用，此时，火车虽然也能通行，但是桥梁损坏严重，鉴于安全考虑，故限定时速，火车过桥速度为每小时 10 公里，汽车为 15 公里，且汽车、火车不能同时过桥。同时，还要收取汽车过桥费，作为维修桥梁的资金。至于行人，因桥面上的栏杆尚未修复，所以就暂时禁止通行了。

而后，工程处又不断修复各处被损害的地方，如桥面、钢梁、桥墩等，只是当时国内局势不稳，经济日益崩溃，建桥经费时断时续，所以整个工程进度非常缓慢。直到新中国成立四年后，1953 年 9 月，大桥才完全修复成功。

整个修复工程共花费 195 万美元，其中国内工料花费 163 万美元，国外采购花费 32 万美元（按 1947 年汇率）。顺便提一句，在修复期间，国民政府浙江省政府利用当时“法币”的通货大膨胀机会，用已大大贬值的法币把建桥初期向银行借的所有欠款全部还清，颇有点“黑色幽默”

的感觉。

在1949年5月杭州解放前夕，国民党当局准备炸毁钱塘江大桥，以阻止解放军南下。在杭州地下党和铁路工人的努力下，做了大量工作，使得炸药量大幅削减，并且把炸药从铁路桥移到公路桥上面。最终国民党工兵实施炸桥，一阵爆炸声后，他们看见大桥上浓烟升起，就匆匆撤离，仅仅公路桥面木板被炸了两个洞，主体没有受到太大破坏，经过工人的修补，次日，桥上就可以通汽车了。

钱塘江大桥在战火中被炸毁，又在新中国成立之后“涅槃”重生。这一切似乎在向我们预示着美好的未来将要开启。而后几十年，钱塘江大桥将见证新中国的崛起之路。

国民党军队撤退时对桥梁的破坏

八　中国桥梁界的“黄埔军校”

桥工处长茅以升

茅以升（1896年—1989年），字唐臣，土木工程学家、桥梁专家、工程教育家，中国科学院院士、美国工程院院士。

茅以升出生在镇江的一个书香世家，祖父茅谦为举人，曾创办《南洋官报》。他出生不久，祖父茅谦决定全家搬迁到南京。南京，古称金陵，诸葛亮曾称赞南京“钟山龙蟠，石城虎踞，此王者之宅也”，并力劝孙权在此建都，于是南京成为东吴首都，此后东晋、宋、齐、梁、陈相继在此建都，因此南京又被称为“六朝古都”。南京长期以来都是江

茅以升

南经济文化中心，人文荟萃，茅谦认为镇江虽是江南重镇，但毕竟不如南京，南京的环境有益于茅家后辈成长。茅以升七岁就读于在南京创办的国内第一所新型小学——思益学堂，接受新式教育。可以说，南京的环境、文化氛围对他的幼年、少年乃至一生都有重要的影响。

在学堂里，茅以升勤奋用功，小小年纪便有了当科学家的志向，然而具体想当桥梁建设专家的愿望却是在秦淮河上文德桥垮塌事件之后。茅以升九岁那年的端午节，南京秦淮河上举行龙舟比赛，看比赛的人都站在文德桥上，由于人太多把桥挤塌了，不少人掉进河里淹死了，有几个还是和他同一学堂的同学。虽然他因为生病所以没有去，但被这次事故深深震撼。

病好后，茅以升一个人跑到秦淮河边，默默地看着断桥，仿佛看到许多人纷纷落水的凄惨景象。他决定自己长大以后一定要做一个造桥的人，造出结结实实、永不垮塌的大桥！

他在晚年回忆起这件事时说："造桥是好事，可是好事也会变坏事，如果桥建得不结实，塌掉了，人都掉进水里就变成坏事了。那到底怎么样才能建一座结实的桥呢？"

从此以后，茅以升只要看到桥，不管是什么类型，他总是要细心观察，细细揣摩。上学读书后，从书本上看到有关桥的文章、段落，就把它抄在本子上，遇到有关桥的图画就剪贴起来，时间长了，足足积攒了厚厚的几本。小小年纪，聪慧过人，难得的是他又有这样的执着精神，大人们便断定：这孩子绝非池中物。

的确，自从他暗自下定决心，就一直在为这个梦想而努力，后来，他又以优异的成绩考上了南京的江南中等商业学堂。他是这样回忆自己幼时在南京的时光的：“我童年生长于南京，在 1911 年北上投考唐山路矿学堂之前，曾在南京读过三年小学、五年中学。”南京的文化氛围在潜移默化中影响着茅以升的成长，南京为他提供了一个优良的学习环境，他在南京打下的扎实基础、立下的远大志向，成为他今后不断奋进、创造事业的基石。从江南中等商业学堂毕业后，他开始考虑自己的人生道路。这时，詹天佑已经成了他的偶像：“我上小学时立志造桥，那时只想在家乡建造一座横跨秦淮河的千古不朽的大石桥。升入中学后，得知中国杰出的爱国工程师——詹天佑，少年时到美国学习先进科学技术，学成归国之后，在北京到张家口的悬崖绝壁上建成了第一条完全由中国工程技术人员设计、施工的铁路——京张铁路。工程的艰险为世界上所少见……于是，思想升华，目光放远：以詹天佑为楷模，出洋留学深造，掌握尖端技术，立志为国建造新型大桥。”之后，他北上考入唐山路矿学堂。在唐山路矿学堂读书时，给他印象深刻的是 1913 年孙中山来唐山路矿学堂的演讲。

孙中山提到由于列强侵略，清政府腐败无能，致使我国近代文明的进化，事事皆落人之后。所以要万众一心奋起直追，迎头赶上，为此办工厂、开矿山，实现机器大生产，而这些都离不开交通运输。交通运输事关中国的富强，希望同学们在路矿学堂学习采矿、筑路、造桥，承担历史责任。孙中山演讲完后，还和全校同学合影。茅以升十分激动，决心为了中国的富强努力学习。后来，茅以升拿到了孙中山著的《实业计划》，反复阅读，对书中提到的兴办交通运输事业、建设发展的主题印象十分深刻。

从唐山路矿学堂毕业后，茅以升赶上了清华学堂向全国招收留美官费学生的机会，通过考试，又以第一名的成绩被清华学堂官费保送赴美留学，成为庚款留学生。1916年，茅以升同被清华学堂录取的其他庚款留学生一起远赴美国求学。茅以升入读美国康奈尔大学桥梁系，经过刻苦的学习，1917 年获美国康奈尔大学土木专业硕士学位。

更厉害的是，因为茅以升成绩特别优异，从此康奈尔大学免试接收唐山路矿学堂的毕业生，他为中国的大学特别是母校赢得了荣誉。茅以升完成康奈尔大学学业后，他的导师建议他去桥梁建设工地去实习，将理论知识与实践结合，并将他介绍到匹兹堡桥梁公司实习。在实习期间，他深入工地一线，参加实习劳动；同时，他还感到自己需要进一步深造，于是报考了卡内基大学，半工半读，夜以继日地工作、学习。1921 年他获得美国卡内基大学工学院工学博士学位。其博士论文《桥梁桁架的次应力》中的科学创见，被称为“茅氏定律”。

学成归国后，茅以升先是在唐山路矿学堂任教，后重又回到南京，担任东南大学教授兼工科系主任。之后，他又北上在交通大学、北洋大学等学校任教，培养了很多工程方面的人才。

前面已经提到过，1933 年 3 月，他接到了两封信，从此走上了建设钱塘江大桥的征途。

◎小贴士

庚款留学生：在中国“庚子赔款”后，以美国为首的国家相继与中国订立协定，退还超过实际损失的赔款。这笔退还费用主要用在教育上，中国每年向这些国家派遣相应的留学生。起因是 1909 年美国国务卿海约翰承认“美国所收庚子赔款原属过多”，当时的驻美公使梁诚建议用这笔钱，作为中国向美国派遣留学生的费用，这个建议被美国政府接受。1911 年，用退还的庚款设立清华学堂，作为留学预备学堂，学生在这里接受严格的培训，考核合格后方可留洋。在国外学成归来的庚款留学生为中国现代化起了很大的作用，打下了中国现代化的基础。他们起作用的领域，除了科学、工业、农业、医学、工程这些方面，还包括金融、新闻、社会科学、教育以及外交方面。

茅以升（右二）、罗英（右一）、康益洋行老板康立德、沪杭甬铁路副总工程师怀德好施（左一）在钢梁工地

前路漫漫，而他的传奇人生也将正式开始，历史的舞台将为他拉开帷幕。

总工程师罗英

罗英

罗英（1890—1964），字怀伯，江西省南城县人，和茅以升一样，也是出生于知识分子家庭，中学便在上海的新式学堂接受教育。作为怀揣着一颗报国之心的学子，他勤奋学习，品学兼优，被清华学堂录取，成为庚款留学生。

之后，他与茅以升一起进入美国康奈尔大学土木工程系学习桥梁专业，获得硕士学位之后，他先后在美国鲁洛斯特纽约省铁路公司和纽约中央铁路公司工作。他于 1919 年回国，先在河海专门学校任教，后又去天津任津浦路养路主任，兼任南开大学、北洋大学教授。

在成为钱塘江桥工程处处长之后，茅以升急于找到一名可信任且有经验的合作伙伴，不仅可以为自己壮胆，还可以分担他的工作。不用说，罗英便是最佳人选，回国后罗英先后参加了多个铁路工程，还担任过山海关桥梁厂的厂长，所以是一个非常有实际操作经验的工程师。

1933年，罗英应茅以升的邀请，任钱塘江桥工程处总工程师。说到这里，要先提一下，一般而言，工程处的处长会兼任总工程师，而因为茅以升对罗英非常尊敬，所以就打破惯例，请罗英担任总工程师。作为同学、好友，他们两人在工作上也非常默契。两人在建桥中相互扶持、相互鼓励，成为最亲密的“战友”。1953年，他又同茅以升一起参与了武汉长江大桥的设计和建造。

毫无疑问，茅以升等留学生们，为中华民族的繁荣和发展贡献了自己不可磨灭的力量。就是因为他们的努力奋斗，以科学和教育为武器，披荆斩棘、奋起直追，为中华民族崛起贡献了力量。

当他们站在钱塘江畔，相信内心和钱塘江水一样是波涛汹涌的，书生意气，挥斥方遒，满腹的才华，终于可以充分施展，在这里他们将为一个时代开启新的篇章，完成伟大的事业。而茅以升和罗英，将成为和钱塘江大桥分不开的名字。

“实习军校”

自从钱塘江桥工程处建立起，每年的暑假，都会向各个大学发函，请学校方面负责协调，介绍毕业生来杭州工

钱塘江铁桥学生暑期实习分组表

实习事项	地点	指导员	日期					
			一日至五日	六日至十日	十一至十五日	十六日至廿日	廿一至廿五日	廿六日至卅日
桥工测量（一日）北岸引桥工程（四日）	第一工区	李文骥 孙鹿宜	第一组	第六组	第五组	第四组	第三组	第二组
正桥工场及钢梁工程	二	梅旸春	二	一	六	五	四	三
正桥桥墩及打桩工程	二	杨克刚	三	二	一	六	五	四
正桥沉箱工程	三	李仲强	四	三	二	一	六	五
南岸引桥工程	四	朱纪良	五	四	三	二	一	六
绘图及计算	设计室	李学海	六	五	四	三	二	一

钱塘江铁桥学生暑期练习班演讲表

日期		演讲者	演讲题目
七月七日	（每日上午六时至八时）	总工程师　罗　英	钱塘江铁桥工程概略
八日		副工程师　杨克刚	正桥桥墩及打桩工程
九日		正工程师　卜如默	（缺席）
十二日		正工程师　梅旸春	正桥钢铁工程
十五日		副工程师　孙鹿宜	引桥工程
十八日		正工程师　李文骥	桥工测量
廿一日		副工程师　李仲强	钱塘江水文
廿四日		副工程师　朱纪良	钱塘江江底地质及钻探工程
廿八日		处　长　茅以升	钱塘江桥工程与中国建设

当时实习生的课表

作。同时还会招收大三的工科生来实习，这对学校还是用人单位都是一举两得的事情。

毕竟，时局混乱，像钱塘江大桥这么重要的工程都缺少修建经费，需要东拼西凑才勉强够用，其他地方就更不必说，哪来的这么多钱搞基础建设。所以，学生很多都没有这方面的实习机会，能来这么大的一个项目实习，可谓机会难得。浙大、清华、同济等几乎当时国内所有的大学

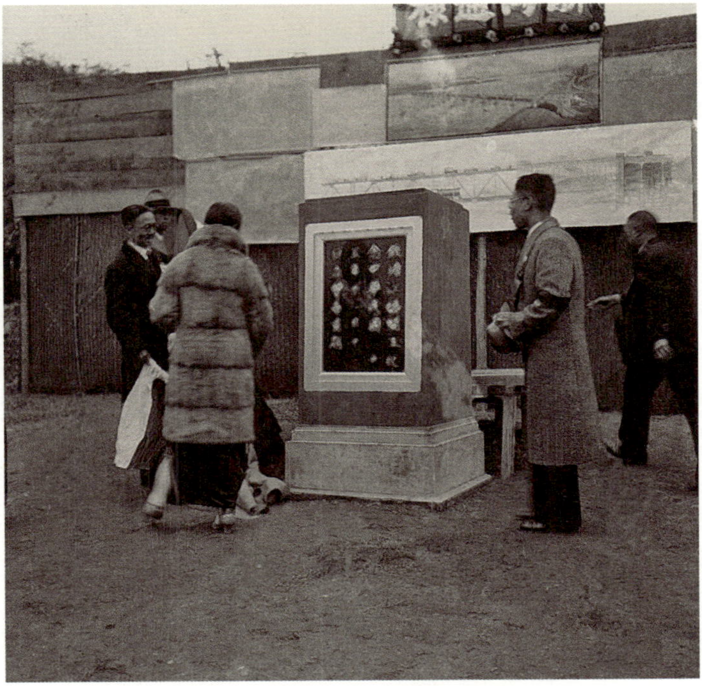

茅以升（右）、罗英（左）参加钱塘江大桥开工仪式

桥梁专业在校生都踊跃报名，争着来工地实习。

茅以升提倡教学上要理论联系实际，他提出了“先习先学，边习边学，既习又学”的教学理论。首先，教学与实践相结合，教师不仅要授之以渔，更要授之以“渔”，让学生学会学习的方法。其次，由于施工设计不仅需要书本知识，还需要施工现场的实施能力以及组织能力，而后者往往是大学里的学生缺乏的，就需要在实践中去学习。

1936 年，来自各高校的二期实习生在建桥工地

茅以升和罗英都是教学出身，所以在带学生方面可谓驾轻就熟。理论当然不必说，比如那些没有毕业的大三实习生除了安排观摩实习，每天早晨还会上两个小时的专业课程。想要把所学的东西运用到实践中去，出门走两步，就能出现在大桥的施工现场。

当然，这还解决了桥工处用人不够的难处，那时为了赶工期，每个人都和打了鸡血一样，奋力工作。放弃假期和休息日，常常加班。图纸、报告、施工，环环紧扣，节奏非常快。而这些青年正值热血方刚的年纪，精力充沛的时候，所以这些新鲜血液的补充非常有必要。

在茅以升和罗英这些前辈们的指导下，大家都成长得非常快，因为经常去现场学习，他们了解钱塘江大桥的每一个部位。知道书本上的理论，不经实践，在复杂的自然环境中原来是这么的苍白无力。只有在前期做好详细的实地勘测，了解天时地利，做好统筹规划，才能尽量避免“踩坑”。建造过程中也并非一成不变，遇到突发情况还要调整，以保证工程的进度。

另外，也不能一直埋头在办公桌上画图纸，很多需要实地考察的工作最好亲力亲为，否则很容易成为纸上谈兵。除了理论和实践，在茅以升的言传身教中，他们也知道一个合格的工程师对建桥的所有工序都要了如指掌，大到桥梁的整体架设，小到每颗螺钉的安装和检查程序，不合格的需要做上记号重新安装。目的只有一个，就是让这些螺钉各司其职，扛起千斤重担。

差之毫厘，谬以千里，一个伟大的工程，绝不能靠表面的光鲜亮丽，只有经过科学地设计，高质量地建造，加上使用精良的材料，才能造出最好的产品。

梅旸春

茅以升不辞辛苦，在建造钱塘江大桥的过程中，把建桥工地作为实践他教学理论的学校，这种理论和实践相结合的教学方法取得很大的成效。这次非凡的造桥经历是实习生人生中最为宝贵的财富之一，这批实习生在新中国成立后修建武汉长江大桥、南京长江大桥、郑州黄河大桥等桥梁时，都做出了杰出的贡献，挑起了大梁。后来他们也大都做到了工程师、总工程师的职务，参与了很多重大桥梁建造项目。可以说，他们是受到茅以升办的“钱塘江大桥实习学校”的培养而成长的。另外，比如武汉长江大桥的总工程师是修复钱塘江大桥的总工程师汪菊潜、南京长江大桥的总工程师是钱塘江大桥的正工程司梅旸春、九江长江大桥的总工程师是钱塘江大桥工务人员王同熙……毫不夸张地说，钱塘江大桥工程处人才荟萃，是培育中国现代桥梁人才的“黄埔军校”。

◎**小贴士**

梅旸春（1900—1962）：谱名炳沣，字秀珊，江西南昌县人，杰出桥梁专家。

梅旸春自小聪慧，1923年清华大学土木系毕业，赴美深造，并在美国普渡大学机械系学习，并获硕士学位。1928年，怀着报效国家的满腔热情，梅旸春回到祖国的怀抱，并任教于南昌工业专门学校。1934年，受到茅以升建造钱塘江大桥的邀请，聘其为正工程司。1958年，梅旸春成为南京长江大桥总工程师。

九　建桥工人的伟绩

奋斗牺牲

我们不仅要推崇像茅以升等鞠躬尽瘁的有识之士，更不应该忘记那些普通工人，正是因为他们默默地付出，才有了钱塘江大桥。

钱塘江大桥的修筑，采用的是“承包制”，由专项负责的公司自行找人，对于工程来说，不仅省时省力，而且不用自己购买各种建桥装备。

那时候，经济非常萧条，政府也没有钱，就不可能大兴土木，所以说土木工人的失业率就更高了，建造钱塘江大桥周期长，能长期有一份固定收入，对家庭生计比较有保障。在这样的情况下，即便承包商给的工资很微薄，也依旧有大批人抢着来上工。

茅以升曾在回忆录里描述，看着这些工人，在恶劣而危险的工作环境中，每日风晒雨淋，不论炎夏还是寒冬，都要不停赶工，同时还要忍受承包商的压榨，实在心中不忍，却也无能为力。唯一能做的也就是看到不合情理的事情，在口头上批评承包商，但是那些包工头大概也就是口头上应付一下，转头也就忘了。

虽凭借一己之力不能改变什么，但在茅以升心中，始终对这些建桥工人怀着感激和尊敬之情，因为那桥上的一颗钉子一块板子，桥下的一根木头一块石头，都是倾注了工人辛劳的汗水和心血的。

由于建设大桥任务艰巨且要提前完工，因此白天和黑夜都可以看到建桥工人们在一线奋战的身影，工人们无休息日、无假期，24 小时倒班赶工，格外辛苦。不仅如此，由于钱塘江江水汹涌，建桥工作也充满了危险，为建成大桥，有的工人还付出了生命的代价。茅以升为这些奋不顾身、殉职牺牲的工人感到痛心，他并没有忘记这些牺牲的工人，在《钱塘江桥工程记》中他这样写道：“而在施工期间，更有东亚公司监工王贤良、机匠袁明祥，工人王德元、陆才明四人，因公忘身，遇难殉职；康益洋行工人王庆林、鲍文龙等六十余人于上工时乘轮倾覆，惨遭没顶，本桥遭遇万难，而卒底于成……”

建桥历尽艰辛，建桥工人们满怀热血，胼手胝足，终于凭借全体的努力，在钱塘江上架起了一座属于中国的丰碑式的桥梁。

工人智慧

工人们的贡献也不仅限施工。由于钱塘江因地质水文条件复杂，施工过程中遭遇诸多困难和阻力。工程建设中的许多技术措施，都属于首次尝试，不是很成熟，说句大白话就是：理想很丰满，现实很骨感。当理论碰到实践，总会擦出不如意的火花，环境复杂，外加瞬息万变的自然现象，很多技术和方法，一到某个条件下总会出些岔子。

大桥一处工地上的施工者

这时，便要依靠工人的力量了，在一线奋斗的劳动人民的智慧永远是最直接的，而很多技术的发明和改进都源自工人。

比如正桥打桩射水法的技术改进，正是因为工人提出不少好的意见，效率才更高；比如围堰倒塌后，工人想方设法，最后才顺利地把钢板桩拔出；再比如搬运 600 吨重的沉箱，起初是利用绳索来牵引吊车的，后来因为不稳，是工人想出人力摇转轴轮的办法；还有浮运沉箱利用牵索下锚的固方法定等等。

类似这样的工人创新之举，数不胜数，我们要赞颂工人的伟大，以及劳动人民的智慧。正是他们不辞辛劳地付出，在工作中不断发挥自己的创造力，推陈出新，才有了钱塘江大桥的建成。

1937 年 7 月 7 日，日本帝国主义发起了“卢沟桥事变”，开始了全面的侵华战争，日军很快准备对上海发起大规模的进攻，敌军将临城下，彼时的杭州也是人心惶惶。同年 8 月 14 日，日军空袭南京、上海，仅仅只隔了一天，日军飞机就来到了杭州。

不知道是纯粹地出于战略目的，还是嫉妒中国有实力修建这么厉害的一座跨江大桥，日军飞机先在钱塘江面上盘旋（先侦察），然后三架飞机分别投下了炸弹，不过都没瞄准，被钱塘江水吞没了，什么都没有炸到，但接下来

沉箱里开挖的泥沙和成泥浆后，再通过三个大气压的压力，自行排出墩外。图为泥浆排出墩外时的情景

14 座正桥桥墩已浇筑完成，最后第六号桥墩仍在紧张施工

发生的惊险一幕，着实让人捏了把冷汗。

那时的钱塘江大桥，已经差不多修建好了，只是部分还需要完善，其中一处就是六号桥墩。

这个桥墩比较特别，作为主桥墩也是几个桥墩中最高的，可达 34.5 米，因为江底地质构造，不容易打木桩，所以容易造成倾斜，导致载重不均匀，就一直耽搁着。直到团队研究决定，将沉箱完全下沉到石层，也就是零点下 81 英尺 9（约 24.7 米）。

所以，如此一来，工作环境就更恶劣了，虽然在技术上进行了改革和创新，但是一旦外界条件中断，危险不言而喻。在这之前，我们先了解沉箱内的工作环境，由于要沉入江底，因此要在沉箱外用空气压缩机把工作室内的水压出室外，而这个需要专门配置为守护沉箱“气闸”的工作人员，防止内外气压差太大，江水倒灌进来。

在沉箱内作业对工作人员素质要求比较高，一不小心，就会引起耳膛病或“沉箱病”。但是为了赶工期，茅以升还是经常深入施工第一线和工人一起下沉箱实地查看。当茅以升又来到六号桥墩沉箱里面检查质量时，惊险的一幕就发生了，正当他和工程师和监工人员商量问题的时候，电灯突然灭了，箱内一片漆黑。因为毫无征兆，大家都开始惊慌失措，害怕一旦气压也断了，江水涌进来就完了。突然面对死亡的威胁没有人会淡定，不过还好，等了几分

浇筑中的北岸引桥桥墩

钟，除了灯没亮外一切都正常，大家逐渐安心（足以看出当时工作人员的心理素质）。

过了差不多半个小时，电灯突然亮了，大家终于舒了一口气。茅以升出去以后才了解到，原来半个小时前，由于日军企图炸桥，空袭警报拉响，叫大家关了电灯，再找个安全的地方躲避。至于为什么后来又有了灯，是因为这个工人觉得自己走了，就没人管闸门了，下面这么多人怎么办？他要对岗位负责，对沉箱内所有的生命负责。

说到这里，不得不为这个工人的临危不惧点赞，正是这种忘我的敬业精神，才挽救了沉箱里这么多工作人员的宝贵生命。我们坚信，正是依靠千百名兢兢业业的工人，钱塘江大桥才能顺利建成，也许历史对他们的记载只有寥寥几笔，但是这并不妨碍他们的伟大。

十 建桥的新技术运用

做任何伟大的事业都是万分艰难的，钱塘江大桥也不例外，况且这还是中国首座自行设计的联合式的铁道公路两用桥。在面对钱塘江复杂的水文条件时，工程队时时刻刻都在面临各种磨难的考验：江水暴涨、工期短促、设备不足等等。

不过，面对这些困难的时候，大家并没有退缩，反而是迎难而上。不管是茅以升，还是普通的工人，大家八仙过海，各显神通，将自己在日常工作中的所积攒的经验转化为智慧，创造出很多解决困难的方法，这些方法不仅解决了眼下的难题，也为之后桥梁建设者提供了很多可供参考的案例。

射水法

射水法，全称也可以叫射水沉桩法，主要适用于打桩工程，以加速打桩进度，加赶工期。不过射水法的运用可不是一开始就有的，而是茅以升苦思冥想出来，这其中还有个小故事，倒是很有趣。

为了打桩，一开始，茅以升团队订制了两艘打桩船，一艘很不幸，遇到杭州湾狂风巨浪，触礁沉没；还好有第二艘打桩船，不过仍然定位不准，辛辛苦苦一天，也只打成了一根桩。怎么办？总共1400根桩，按照这个速度，要整整打将近四年。

高压水枪打桩作业情景

那些天，茅以升为了这个事情彻夜难眠，压力非常大，除了工作，连吃饭、走路都在思考对策。突然某一天，他看到女儿和邻居家孩子一起给花坛浇水。孩子用水壶向花坛倒水，把花坛的泥土冲出一个坑，于是得到启发，想出采用“射水法”

打桩。

之后他又成功制造了江上测量仪器，解决了木桩定位问题，配套“射水法”，把钱塘江的水抽到高处，再通过射水管，先在河床冲刷出 10 米深的大坑，随即插入木桩，用铁锤击打，然后往洞里打桩。用这个办法，这样每天可打桩 30 根，从而大大加快了打桩进度。

也许你们会好奇，射水法具体是怎么操作，那就来看一下吧。

第一步：打桩船停泊到桥墩位置，前后左右抛锚停稳；

第二步：从平台标点起，丈量至某个木桩为主，同时用绞车松紧各铰链，使机船前后左右移动，务必将导桩架的中心线置于桩位的中心；

第三步：将悬于吊架 3 寸位置的径射水管，移动至桩

大桥一号桥墩钢围堰正在打桩

位之下的江底，开动射水机，将沙土冲开；

射水管即逐渐深入江底，若遇到硬泥层，则将管口略微提高，利用水压冲散四周硬泥，不断深入至江底；

第四步：将木桩吊起，悬挂于射水管旁边，待射水深度达到后，即拔出射水管，随即将悬吊在旁的木桩插入江中；

第五步：木桩到底时，利用汽锤进行打击，待桩顶与水面齐平时停止，此时须用一条铁链，将桩头转行扣锁于导架下端，以防止木桩因水的浮力而上冲；

第六步：将汽锤及桩帽垂直吊起至导架顶，吊在旁边的钢筒送桩移正，套于木桩的顶部，将汽锤及桩帽降落，压于送桩帽上；

第七步：开动汽锤，继续打击木桩至合适的深度，当桩尖抵触硬石层时，桩锤每次跳动，此时要计算其所达到的深度，最后每次打击的深度要与钻探记录对照，且计算木桩已能承载的重量，达到预定承载力，即停止打击，将汽锤和桩帽垂直吊起；最后一步，将起重拉杆悬挂于送桩耳绊上转动绞车，将送桩拔出，打桩完成；

以上便是射水法的详细操作过程，虽然看起来还是有些复杂，不过自从用了这个方法打桩，每墩 160 根桩基，只用了 10 天左右就完成，大大提高了效率，也不用消耗大量的人力、物力，拖延建桥的进度了。

工人们正在打桩

沉箱法

沉箱其实在 19 世纪初便开始出现，从 1851 年 J. 赖特在英国罗切斯特梅德韦河建桥时，首次下沉了深 18.6 米的管状沉箱，之后沉箱被广泛应用在大型桥梁建设的工程中。

其实沉箱法所用的是一种倒置的箱体，箱子的四壁及底部，要足以承载桥墩及木堰（用于阻止水流进入沉箱）的重量，面积要根据沉在地上的土层单位承载力而定，高度要根据土层所需要的高度而定。然后将钢筋混凝土做成的箱子开口朝下，慢慢沉入水中倒罩在江底，再用高压气挤走箱里的水，工人在箱里挖沙作业，沉箱上再筑桥墩。

这次工程的每只沉箱，长 17.68 米、宽 11.28 米、高 6.1

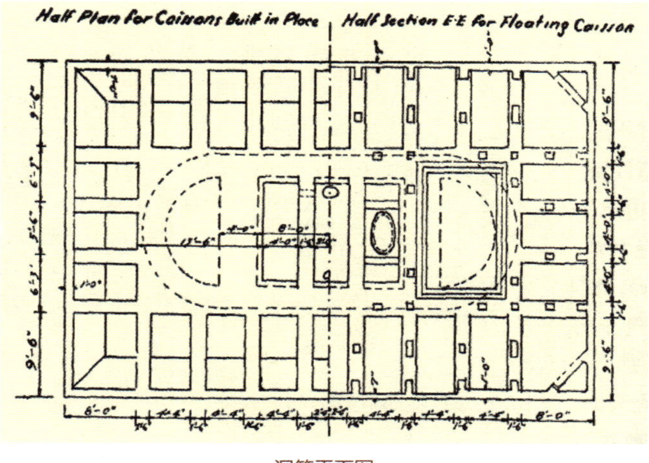

沉箱平面图

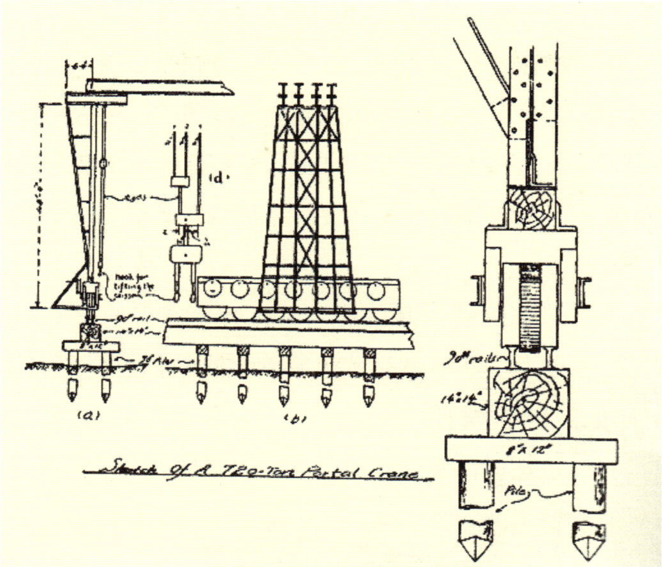

沉箱钢梁吊架示意图

沉箱制作现场

米；气压箱要矮很多，高 2.13 米，长宽与沉箱相同。

沉箱设计复杂，要求也非常高：吊起时要能承受各种静挂力于钢吊车，移动时又要能抵抗震动力，在水中浮运时能抗受风力和水力，下沉时又要能够抵抗水流变迁而产生的水压，待箱体沉至木桩墩墙浇筑后，又要负荷全部桥墩的所有重量。

说是建造沉箱，但是其实和建造一座房子差不多，而且任务更为艰巨，毕竟要沉入河底，状况更为复杂。不同部分要分开浇筑：首先须先浇筑箱墙，沉箱顶的下半部

转运沉箱

修建中的桥墩

及箱内横斜撑梁的关键部位；箱顶的上半部及横斜撑梁的空隙，需要在沉箱就位后才进行浇筑，以便减轻运输时的重量。

箱顶的四周装有临时木堰，其高度根据桥墩所在江底深浅而调整，但都要高出水面，以便沉箱就位后在木堰内浇筑墩桥沉箱，待筑成四周后比较结实的时候，便能运往桥墩的位置。

关于重量，沉箱设计为减轻自重，采用 6% 的钢筋，每只沉箱用水泥约 80 英方，钢筋 36 吨左右，重 500 余吨，连同木堰及附带物共重 600 余吨。不过尴尬的是，放置沉箱很不容易，开始时，一只沉箱，一会儿被江水冲向下游，一会儿被潮水顶到上游，上下乱窜。之后把 3 吨重的铁锚改为 10 吨的重量，沉箱乱窜的问题才得以解决。

据统计，工程中共用沉箱 15 个，靠北岸的 1 号桥墩、靠近南岸的 14、15 号桥墩，因江底较高，水深仅有 20 英尺，沉箱即就地浇筑，慢慢沉下，直至碰到石层或木桩为止。另 12 个沉箱在第三工区浇筑，筑成后，在筑箱的工场两旁修建轨道两条，相隔 40—50 英尺，钢吊车行驶在轨道上，将整个沉箱连同临时木堰全部吊起，送至江心轨道。

位于沉箱中部的气筒

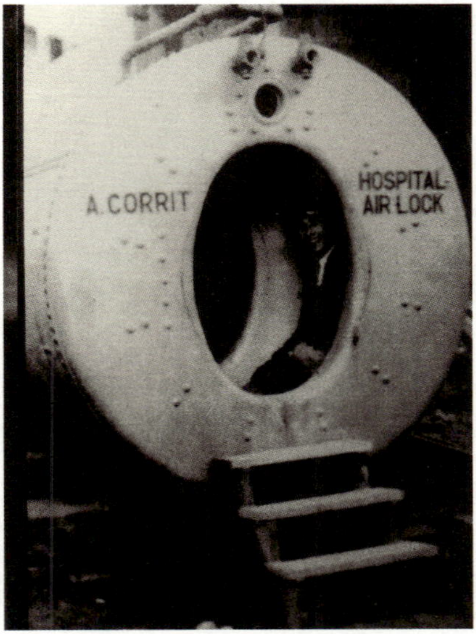

工人由气筒进入沉箱底的气室作业

轨道一端临江，外接木桥，伸向江水深处，沉箱在桥上，行至深水处，即用螺丝机吊起，使之徐徐降落浮于水面上 3 英尺，然后再用气压法将箱体沉下。一边浇筑墩墙，一边拆除木堰，沉箱内打高压空气，一边排出箱内的水，同时抵抗外面的水力，避免下面的水流入箱内。

箱内气压必须适合人呼吸，工人要在箱内挖泥，使箱体下陷至木桩桩顶为止，然后将工人运离箱体，再用混凝土将箱内空隙填实，墩墙上部浇筑墩盖，这样整个桥墩得以完成。

浮运法

架设大桥钢梁的传统工艺采用“伸臂法”：即从岸边桥墩开始拼装钢梁，钢梁逐渐延伸出桥墩，直至下一个桥

茅以升（右）陪同银行界人士参观钢梁组装

浮运法运送桥梁

墩。这个办法虽然安全系数大，但必须等桥墩按照顺序全部建好，钢梁才能从两岸逐步伸入江心合并。

但是钱塘江大桥为赶工期，15个桥墩完工次序被打乱，因此除南岸第16孔钢梁外，其他钢梁不适用“伸臂法”安装，需要逐一将钢架运送到江中。

当时正桥的钢梁采用铬合金制造，是在英国制造之后，拆散用轮船运到上海吴淞口，再用火车经沪杭铁路拉到杭州；然后在闸口白塔岭下的工地组装，此处离钱塘江边只有300米，离大桥不到1000米。

组装完成后，每组钢梁长67米，重量要达到260吨，由18000个铆钉铆合。那么问题来了，这么长且重的钢架要怎样运到江上？

茅以升和团队中的工作人员，再一次发挥聪明才智，巧妙地采用了借助自然的“浮运法”。一组钢梁组装完成后，用专门的拖车拖到江边的临时码头，等待潮涨时用船将钢梁运至两墩之间，潮落时钢梁便落在两墩之上，再进行安装，省工省时，进度大大加快。

不过浮运法需要天时地利人和，稍有一步不慎，就会前功尽弃，关键是要看潮水的深浅起伏，看老天爷的脸色才是最不好控制的。所以在运送时，还是颇费周章。不过不管怎么样，在工程队和工人们的群策群力下，经过多次努力，桥梁终于运送到位。

潮水退去，钱塘江终于平静下来，梁架已经被稳稳地置于江中。虽然大桥并未建好，但每个人心中却都能清楚地描绘出它建好后的样子，恍惚间它似乎像海市蜃楼一般印在微波粼粼的江面上，多么美好的憧憬。夕阳已落，大家擦干汗水，继续等待着明日朝阳的升起。

附录 钟光明馆长眼中的钱塘江大桥

追溯我与钱塘江大桥的情缘，还要从 1965 年我上小学的时候说起。那年我 13 岁，和很多男生一样，我的梦想是当一名飞行员。有一阵子我甚至对此深深痴迷，乃至于上课时做小动作，一口气折了 500 多个螺旋桨，期待着能找一个风大的地方，让它们随风飞去。

第二日，我约上几位玩得好的小伙伴，来回步行 20 多里，到钱塘江大桥的桥头堡，贴着栏杆探身从 20 多米的高处，迫不及待开始拿出前一天的“战果”，那些废纸做成的螺旋桨从手里不断滑落，随着江风飘旋着，直到今天，我依旧怀念那种纯粹的快乐。

直到太阳快下山的时候，江面的风吹在身上感到了寒意，我们才把所剩下的全都捧起抛撒空中。望着那些白色的螺旋桨，如同蒲公英一般在空中随风旋舞追逐，我的内心充满了对未来的憧憬。此时在钱塘江上，那个放飞梦想的浪漫少年，不曾想却将和这座桥结下深厚的缘分。

1971 年，我阴差阳错地进了铁路系统，当列车驶过钱塘江大桥时，我突然觉醒到当年正是在这里，心中暗自许下的飞行员梦已经落空。事已至此，我就想着也许这是命运冥冥之中的安排，当一名保护修理大桥的铁路工人何尝不能报效祖国呢？

26 年后，1997 年的一个秋天，“茅以升生平展”在浙江科技馆巡展，因为这次的偶遇，从此，我才正式和茅以升、钱塘江大桥结下不解之缘。那天，我了解了很多关于钱塘江大桥的过往，大桥是我国自行设计建造的第一座公路铁路两用大桥，在抗日战争中经过血与火的洗礼，而后又涅槃重生。这一切的一切，让人如此感慨，以至于我对那段历史深深着了迷，那一刻，我仿佛又回到少年时期，只因为心中萌生的又一个梦想——建造钱塘江大桥纪念馆。

史料征集

我从 1998 年受命开始征集史料，精选照片，布展设计。亲力亲为，如数家珍，也许是倾注了太多的心血，展出的每件物品、每张照片对于我来说都是宝贝，每一个物件都封存着一段精彩的故事。

史料征集的过程，给我留下了太多印象深刻的事情了，对我来说都是难忘的经历。此前，茅以升基金会曾对我做过“六人会审”，六人轮流向我一人提出了各种问题和要求。虽然提前有了思想准备，但是一下午的“会审”，答辩时脸部的肌肉紧张得都抽了筋，最后“会审”通过，如释重负，一口气喝了整整一瓶矿泉水。

之后，为了收集史料和茅以升的物件，来到了茅以升的小女儿茅玉麟家里，“平时不烧香，临时抱佛脚”，当时感到很忐忑。交谈中我表明来意，希望把茅以升用过的东西带回杭州，在钱塘江畔与大桥为伴，这对老人家是一种最好的告慰和纪念。茅玉麟听了觉得有道理，但也左右为难，这是她家里仅留的茅老遗物，有着见物思人的意义。这里面有思想和感情的沟通。

当时没想到，我的真诚和执着终于打动了茅玉麟，她终于答应了我的不情之请。把茅以升生前使用过的所有实物、文件、手稿等，装了三卡车全部运回杭州，茅玉麟女士仅仅只留下几件家底，用来怀念父亲。当中还有一张茅以升用过的席梦思床，是茅玉麟的儿子每天都要在上面睡觉的，与他商量时，他说：“床的余温未尽，我已沾了外公十年的仙气，你们今天说拉走就拉走了。”语气中充满了眷恋和不舍。在我告别出门的时候，我发现他的眼睛红红的，泪水都快掉下来了，这大概是他能与外公情感维系的重要物件，情急之下夺人所爱，我心里感到特别内疚和矛盾。

幸好，拉回到大桥纪念馆的三角柜、书架、席梦思床和一些茅以升曾阅读过并盖有私章的藏书，这些珍贵物件20年后还在展出，也算是没有白白辜负他们的慷慨和“牺牲”了。

之后，我又在茅以升的秘书郑淑娟的引荐下，去了铁道部科学研究院办公楼的仓库，找到了茅以升任院长时留下的办公桌和皮椅，英文打印机、衣橱等，衣橱的左上角钉有一块“铁道部宿舍衣橱 0612”字样蓝色小铝牌。看到这么多有历史价值的老物件，想着万一他们不答应借怎么办，不过还好有贵人相助，听到我的来意，只是要我写了张借条，就同意我把东西运回杭州展出。欣喜之余又担心节外生枝，当天我就去了北京火车站，要了个 10 吨的集装箱，把征集到的所有实物及书籍，全都装进了集装箱内，运到杭州后，心里总算踏实了。

老照片中的故事

莫敌是专职为茅以升摄影的铁科院工程师，35 年来，茅以升许多珍贵的历史镜头，都是出于这位老人之手。其

钱塘江大桥纪念馆中陈列的茅以升用过的书桌及其著作

中一张茅以升在铁科院办公楼前，精神矍铄、神态微笑坐在藤椅上的经典之作，就是莫敌当初建议工作人员和茅以升合影留念的机会，莫敌从茅以升的办公室里拿来藤椅，随即就给坐上面的茅以升按了快门，冲洗后发现效果很好，事后被多家媒体和纪念馆采用。

更有意思的是，这张拍过照片的藤椅，一直被莫敌珍藏着，乔迁新居后莫敌儿子说："这张旧藤椅早该扔了。"莫敌说："儿子你相信不，10 年后肯定有人会向我要。"茅以升去世 10 年后的 1999 年，我到了莫敌家里后，听了这段往事趣谈，对这张藤椅有了极大兴趣，而莫敌也乐意成全我的此行动机，只是要求在藤椅展出时须写上"莫敌先生捐赠”。喜出望外的我，背上藤椅从莫敌家里出来，全然不顾周围人的目光。

一年后当莫敌来到大桥纪念馆，看到了那张写着自己名字的藤椅和他拍摄的照片时，特别地高兴，还在现场向观众做起了讲解。听他讲述每一张亲自为茅老拍下的照片的切身感受，真让人感慨颇多，受益匪浅。

如果说金秋北京之行，给我带来的是意外惊喜的话，那么接下来的上海之旅，带给我更多的是累累硕果。说明来意后，上海铁路局档案室给予了最大的方便，何方林先生拿出了整整一大抽屉的钱塘江大桥的黑白底片，还有一盘有白铁皮外壳的 16 毫米钱塘江建桥电影纪录片。

4000 多张的黑白底片，借助日光灯的光线，我整整观看和分析了 5 个多小时，底片全是德国的蔡司胶卷，60 多年过去了，在完全没有任何保护措施的情况下，有的上面全是霉点，有的四五张黏一起，有的面目全非无法辨认，有的完好如初，欣慰之余，不免遗憾。

对钱塘江大桥历史我是第一次接触，除知道钢梁、桥墩外，其他一片空白。面对这么多的底片不知该从何处下手。但有一点我清楚，要把这些底片冲洗变照片，这给了我边干边学的最好机会，先拿回去再说，慢慢研究。我从上海铁路局档案室，挑选了清晰度最好的 900 多张底片，带上那盘电影纪录片，当天就打道回府，满载而归。

1999年12月14日，钱塘江大桥纪念馆开馆，400多平方米的展厅，经挑选只有不到百张老照片可以展出。因此想再办一个《钱塘江大桥老照片展》，由于经费不足，便一直没有开始。2003年经朋友介绍，杭州某地产公司出资25000元，公司郑经理说："钱塘江大桥是让杭州人受益的大桥，我们有什么理由不好好善待他。"这句话也使我感恩至今，也许这也是我创建这个纪念馆的初衷之一。

某地产公司的慷慨解囊，使得最有代表性的200多张老照片，尘封70年后，终于和观众见面了。老照片展让大家了解了大桥历史的过往，近距离感受70年前建桥先

钱塘江大桥纪念馆

贤的英雄风采和家国情怀，这种精神并不会随着时间的流逝而变淡，只会在人们的心里折射出更加璀璨的光芒，积淀下历史的厚重。

在老照片展出的这天，闻讯后的杭州电视台，特地为老照片展和我拍摄制作了一个专题片《桥啊桥》，这对我做的一切无疑是一种肯定。这件事也使我明白了一个道理，当你认准要做一件事时，只要不断地坚持和努力，总能取得最后的成果。

最后讲故事的人

老照片展出不久，已是90余岁高龄的当年建桥技术员余权，看了《钱塘江大桥老照片展》后，感到非常感慨和激动。70年过去了，他对1934年注册职员表上全体桥工处人员记忆犹新、历历在目，我一边请教询问，一边记录反复确认，不放过任何细节。

第二天晚上我又冒着大雨来到余权的亲戚家，看到我全身湿透的狼狈相，全家人都感到很惊讶。为了余权的健康，女主人答应给我一小时的采访时间。我把早已备好的资料，在桌子上摊开，仔细地倾听余权的解说。真是相见恨晚，一个半小时言犹未尽，女主人在几次提醒后，终于下了逐客令，只得匆匆告别悻悻离开。让我们悲痛的是，余权回京后，不久便离开了人世。

不过那次访谈，使得桥工处职员表上的人员姓名和全家福照片，除个别外都对上了号，这对在册的工程管理职员和他们的后人，都是一个最好的交代。余权是北洋政府大理院院长余启昌的儿子，我崇敬的建桥英雄，他不仅向我提供了许多关键的信息，还向我讲述了建桥时，鲜为人知的许多细节和故事。他平易近人的言谈举止也给我留下了很深的印象，只是我们约定的再次见面，再也不能成行。

虞寿梅是沙朗屿新胜村人，17 岁那年只到建桥工地挑了一天的土方，腿肚子痛得多次抽筋，累得第二天连走路都困难。但他却得到了两个竹签筹码，可换四斤大米。也可以拿着筹码，到杭州的兴业、四明、中国等五家银行兑换现金。而虞寿梅的父亲和两个叔叔都是沉箱工地司职纤拉沉箱的工人，当年 30 多位桥工，听从一人的呼喊司号，30个转盘同步驱动，以每小时 15 米的速度向江边码头移动，直到下水，然后由拖轮拖至墩位。

20 年来，余权和虞寿梅是我见到的仅有的两位大桥的建设者，我能亲耳聆听两位老人，讲述他们当年建桥的经历和故事，对研究钱塘江大桥历史的我来说尤为重要和珍贵，这既是荣幸更是一种责任担当。

看到一张茅以升和当年建桥者在 1987 年的合影，不禁让我回想起 1987 年 9 月建桥通车 50 周年座谈会上，茅以升和当年的建桥人回忆往事，全都热泪纵横，泣不成声，场面十分感人。这份真情和精神，一直深深打动着我，唤我良知，驱我前行。

知之愈深爱之愈切，当结合抗战的历史背景，把大桥的故事贯穿其中，每每说到动容之处，我总能联想到当时的场景，那一帧帧的画面在我脑海中如此清晰，以至于忍不住流泪，媒体因此也戏称我为“桥痴”。

工程资料，大桥申遗

1934 年至 1937 年，由铁道部派遣的工程师李文骥拍摄了有 3000 多英尺的《钱塘江桥工程》纪录片。1981 年，上海铁路局科委剪辑合成现在的《钱塘江桥工程》电影片。如何将《钱塘江桥工程》的电影片翻成光盘又遇到了不少麻烦，我拿回的片子，找遍杭州所有的省市电视台和电影公司，都没有翻录设备；最后求助于上海电影制片厂，三个月后才完成转换成录像带，再制作成光盘，最后由浙江档案馆帮助完成。这就是我们现在看到的有关建造钱塘江大桥影像资料的来龙去脉。从那以后，媒体和电视台，使用剪辑的视频都出于这盘母片。

有一句成语叫“踏破铁鞋无觅处，得来全不费工夫”。这使我相信人若成事，在倾尽所有的时候，必定能柳暗花明，遇上热心相助之人。在一次午饭和同事的闲聊中，得知在铁路杭州工务段的档案室有许多钱塘江大桥建桥时的资料。当我看到近百件（盒）用红硬纸板做成的文件夹，里面夹装的建桥图纸、文件、历史资料和照片时，激动得心都要蹦出来了。这就是茅以升视为宝贝的建桥文献资料。

1937 年 12 月 23 日，我方炸毁钱塘江大桥后，茅以升带上这些珍贵的资料，派专人保管，离浙江，去江西，下湖南，进广西，过贵州，到重庆，在桂林遇日军飞机轰炸，资料险些毁于战火，抗战胜利后回到上海，最后又来到杭州，辗转万里，最后历经艰辛重归杭州。为了修复钱塘江大桥，1950 年茅以升把这份资料捐赠给了上海铁路局。这份钱塘江大桥工程资料不仅为新中国成立后彻底修复钱塘江大桥起到了关键作用，也为钱塘江大桥纪念馆里面展陈的所有内容，做了最权威的注解和说明。

2002 年，《钱塘江大桥工程档案》由浙江省档案馆申报国家档案局后，列入《中国档案文献遗产目录》，使用的就是茅以升 1975 年捐赠浙江省档案馆的钱塘江大桥资料。

因杭州市政府的重视，准备把钱塘江大桥申报国家文保单位，主要申报工作由杭州市园文局主持完成。第一次因资料不够详细申报未果。第二次申报我提供了必要的图纸照片和说明，资料文件得到了更加充实完善后，申报得以顺利通过。2006 年，钱塘江大桥被国务院命名为全国重点文物保护单位。

钱塘江大桥档案

2010 年，受浙江省文物局委托，要我为钱塘江大桥量身定做一份全国重点文物保护单位的档案。做这样的国家级的档案，一般由专职人员来完成。可是大桥纪念馆从建馆开始，讲解、征集史料、采访接待等都是我一个人。没有制作方面的专业知识，这也成了我最头疼的事情。

还好这十几年来征集积累的资料，是我最大的优势。因为钱塘江大桥是一个庞大的桥梁工程建筑，按照档案的要求，一般不了解情况的人，无法理顺其中的千头万绪，也没有类似范本可循。

接下来，我按照《制作国保档案规范要求指南》一书，边学边干边摸索边请教，循序渐进，步步为营。先搭建一个基本框架后，把桥墩、钢梁、设备、保养、图纸、实物、照片、文件、文字、布展等，根据上面内容要求，做一个全方位细化的综合描述和说明。

经过两年的辛勤努力，一份约 50 万字、有 600 多张照片、重达 15 斤的《钱塘江大桥档案》终于完成。同时我对其中的图片制作进行了大胆的尝试和改进，按照以往制作要求，照片都是粘贴后附打印说明。而我全都使用铜版纸一次性印刷完成，这样做既平整又好看，更有利于对档案的长期保存。在通过浙江省文物局的审核后，专家说：“我们没设表彰奖励，如有这个立项的话，《钱塘江大桥档案》完全可以得奖”，这让我非常欣慰。

一个人，一辈子去认真做一件事，把其做成最精致的时候，那么你就是一个成功者。当有一个平台让你展示能量时，应该要珍惜把握自我，不断学习积累、充实提升，机会就是眷顾有准备的人。而建立钱塘江大桥纪念馆、举办“钱塘江大桥老照片展”、制作《钱塘江大桥档案》就是我抓住机遇知难而进、蓄力累积的真实记录，也是我长期研究茅以升和钱塘江大桥历史的成果，得到业内的认可。接下来由茅玉鳞主编，我编著的《钱塘江大桥史料》9、

《钱塘江文献集成》系列之《钱塘江大桥史料》

钱塘江大桥全国重点文物保护单位标识牌

10、11 三册，和韩晓露合作的《茅以升》，共 200 多万字的图书已先后出版。

揭开尘封多年钱塘江大桥的往事，让更多人知道，它雄伟壮观美丽的背后，所隐藏的英勇悲壮、励志奋进的家国情怀。很荣幸，我无意间走近了茅以升和钱塘江大桥，却完成了茅老生前想完成，而来不及完成的意愿，即为建桥先贤著书立传，记录中国桥梁史上具有里程碑意义的传奇。让传奇流传，启迪未来，既是我的责任和追求，也是我人生中最有价值最有意义的事。

茅以升过人的才华睿智、高尚的人格品质、效国忧民的坚定信仰、艰苦卓绝的丰功伟绩，始终实践于他的知识救国、工程救国、科技兴国、科学强国的民族复兴大业之中。

这种精神是中华民族坚挺的脊梁，也是人类的共同遗产。

“少年强则国强”，爱国主义教育应该从青少年开始抓起。茅以升是中国爱国知识分子学习的楷模，是全国人民学习的榜样。而钱塘江大桥是我们每个中国人心中不朽的丰碑。

（附录作者为钱塘江大桥纪念馆钟光明馆长）

主要参考资料

茅以升：《茅以升科普创作选集（第一集）》，科学普及出版社 1982 年版

茅以升：《茅以升文集》，科学普及出版社 1984 年版

茅以升：《茅以升选集》，北京出版社 1986 年版

茅以升：《茅以升科普创作选集（第二集）》，科学普及出版社 1986 年版

中国铁路桥梁史编辑委员会：《中国铁路桥梁史》，中国铁道出版社 1987 年版

茅于美：《桥影依稀话至亲——亿念父亲茅以升》，西南交通大学出版社 1993 年版

钱冬生：《茅以升——中国现代桥梁的奠基人》，西南交通大学出版社 2006 年版

茅于润：《我的父亲茅以升》，浙江文艺出版社 2011 年版

卢曙火：《茅以升和钱塘江大桥》，杭州出版社 2013 年版

罗英：《罗英文集》，复旦大学出版社 2013 年版

王国平：《钱塘江大桥史料(一）》，杭州出版社 2015 年版

王国平：《钱塘江大桥史料（二）》，杭州出版社 2015 年版

全国政协文史和学习委员会：《回忆钱塘江建桥》，中国文史出版社 2016 版

王国平：《钱塘江大桥史料（三）》，杭州出版社 2017 年版

后记

我是钱塘江大桥，现在杭州人民也习惯叫我一桥，不用说，我还有很多的兄弟姊妹，而我正是他们的老大。可不是吗，作为中国自行设计、建造的第一座双层铁路、公路两用桥，我都 80 多岁了，按照人类的年纪，早已到了耄耋之年。多少年了，我在滚滚的钱塘江水上看着潮起潮落，也在历史的洪流里，见证着新中国桥梁事业的振兴。

作为一座跨江大桥，我可不想仅仅作为一个重点文物旅游景点而存在，那样的“桥生”还有什么意义？把你们安全地运到对岸，才是我最重要的职责，当载满货物的火车从我身上飞驰而过，当成千上万的车流从我身上驶过，才是我最为自豪的时刻。

什么？你问我什么时候退休？虽然现在江上有很多我的兄弟姐妹桥为你们服务，但是按照我目前的身体情况，我暂时还没有考虑过退休。你们不知道，2015 年，经过一次全面的检查和大修,工作人员说我的身体还是硬朗得很。不过考虑到每天有100多列火车、上万辆汽车从我身上通过，工作人员怕我吃不消，就不让大货车上桥，桥上还有武警轮班站岗呢。

你们是不是好奇,是谁给我这么好的体格？是茅以升、罗英还是汪菊潜诸位先生？当然咯，除了桥梁的设计者的鞠躬尽瘁、殚精竭虑，建设者们的“匠人精神”也很重要。

虽然我出生的那会儿，技术、物质等条件还非常欠缺，很多环节都要靠人力来实现。但是大家专注于细节的打磨，我身上的一钉一铆，都是严格按照规格要求来的。当然，偷工减料更是不可能，那时，为建筑我，他们一定是倾注了无数汗水和心血。在那一双双粗糙的大手打磨建造我的时候，我可以清楚地感受到他们内心的爱惜和期待。正因为这样,我才能历经劫难,依旧矗立于宽广汹涌的钱塘江上。

有时候，我会回想儿时的苦难，暗暗心疼自己，为什么唯独我，小小年纪就要经历这一切？但是，历史是不会向你解释的，我只知道，自从“涅槃”重生之后，我的身体变得更加强壮，内心变得更加强大，苦难也赋予了我生命全新的意义。

沧海桑田，我见证着历史的发展。看着钱塘江两岸的万家灯火，我知道我们的祖国日益强盛，也知道人民的生活越来越好。从衰到盛，从弱到强，相信这种来之不易的幸福，我比你们体会更深。

看着我的兄弟姐妹桥一个个在钱塘江上出生，我感受到了中国桥梁事业的蒸蒸日上。无数座像我一样高颜值、多功能的桥梁，在山川大河间拔地而起。如果你欣赏完，肯定会惊叹，中国的桥梁事业进步如此神速，而这便是属于中国的速度。